职业导游人才培养策略研究

刘 曼 著

中国书籍出版社
China Book Press

图书在版编目（CIP）数据

职业导游人才培养策略研究/刘曼著.--北京：中国书籍出版社，2022.8

ISBN 978-7-5068-9146-2

Ⅰ.①职… Ⅱ.①刘… Ⅲ.①导游—人才培养—研究 Ⅳ.① F590.633

中国版本图书馆 CIP 数据核字（2022）第 155050 号

职业导游人才培养策略研究

刘　曼　著

责任编辑	彭宏艳
装帧设计	李文文
责任印制	孙马飞　马　芝
出版发行	中国书籍出版社
地　　址	北京市丰台区三路居路 97 号（邮编：100073）
电　　话	（010）52257143（总编室）　（010）52257140（发行部）
电子邮箱	eo@chinabp.com.cn
经　　销	全国新华书店
印　　刷	天津和萱印刷有限公司
开　　本	710 毫米 ×1000 毫米　1/16
字　　数	206 千字
印　　张	11
版　　次	2023 年 3 月第 1 版
印　　次	2023 年 3 月第 1 次印刷
书　　号	ISBN 978-7-5068-9146-2
定　　价	72.00 元

版权所有　翻印必究

前　言

旅游业发展速度极快，有着很强的产业带动力，很多国家、地区都大力发展、扶持旅游业，将其视为经济发展的重点产业。20世纪90年代后，伴随着经济中心转移，国际旅游业在亚太地区掀起热潮。我国敏锐地把握时机，确定旅游业为第三产业发展的带头产业，着力对其进行发展，并取得巨大的成就。随着我国旅游事业飞速发展，我国不断强化旅游资源开发、完善"硬件"建设。然而，在"软件"建设方面，我国旅游业仍有所欠缺，存在薄弱环节，尤其是培养导游人才、旅游文化理论研究人才方面，处于严重滞后状态。

旅游活动的灵魂就是导游，一个国家或地区的旅游形象好坏，与导游工作质量高低有着直接联系。在旅游业中，导游是不可或缺的组成部分，由旅行社组团的旅游消费活动主要依靠导游的沟通方能完成。对于旅游者而言，导游属于指导者，旅游者在旅游过程中的消费行为也受到导游工作质量的直接影响。导游工作具有特殊性，所以导游也常常身处活跃、复杂的环境中，一方面要面对种种不同的旅游情境，另一方面要与各种不同类型的旅游者沟通、交流。世界各国旅游界都用非常美好的词语、句子形容导游人员、导游业务，从一定意义上看，导游体现着一个国家的形象，也是人们对一个国家进行了解的窗口。

本书共分为五章，第一章为导游理论概述，主要就导游与导游服务、导游业发展历程、导游业发展现状以及导游业发展趋势四个方面展开论述；第二章为新时代职业导游人才培养体系，主要围绕导游课程思政建设、导游课程教学改革、导游课程师资队伍建设三个方面展开论述；第三章为新时代职业导游人才培养路径，依次介绍了智能时代职业导游人才培养路径、"互联网+"时代职业导游人才培养路径的内容；第四章为新时代职业导游人才培养策略，依次介绍了文旅融合时代背景及发展趋势、文化旅游职业导游人才培养策略、红色旅游职业导游人才培养策略、生态旅游职业导游人才培养策略以及乡村旅游职业导游人才培养策略五个方面的内容；第五章为新时代职业导游人才培养模式实践，分为三部分内容，依次是职业导游人才培养——校企结合模式、职业导游人才培养——志愿服务模式、职业导游人才培养——学徒制模式。

在撰写本书的过程中，作者得到了许多专家学者的帮助和指导，参考了大量的学术文献，在此表示真诚的感谢。本书内容系统全面，论述条理清晰、深入浅出，但由于作者水平有限，书中难免会有疏漏之处，希望广大同行及时指正。

作者

2022 年 3 月

目录

第一章 导游理论概述 ··· 1
 第一节 导游与导游服务 ·· 1
 第二节 导游业发展历程 ·· 23
 第三节 导游业发展现状 ·· 36
 第四节 导游业发展趋势 ·· 40

第二章 职业导游人才培养体系 ····································· 46
 第一节 导游课程思政建设 ······································ 46
 第二节 导游课程教学改革 ······································ 59
 第三节 导游课程师资队伍建设 ·································· 68

第三章 职业导游人才培养路径 ····································· 85
 第一节 智能时代职业导游人才培养路径 ·························· 85
 第二节 "互联网+"时代职业导游人才培养路径 ···················· 98

第四章 职业导游人才培养策略 ····································· 107
 第一节 文旅融合时代背景及发展趋势 ···························· 107
 第二节 文化旅游职业导游人才培养策略 ·························· 122
 第三节 红色旅游职业导游人才培养策略 ·························· 128
 第四节 生态旅游职业导游人才培养策略 ·························· 133
 第五节 乡村旅游职业导游人才培养策略 ·························· 140

第五章　职业导游人才培养模式实践··148
　　第一节　职业导游人才培养——校企结合模式··························148
　　第二节　职业导游人才培养——志愿服务模式··························154
　　第三节　职业导游人才培养——学徒制模式·····························160

参考文献··167

第一章　导游理论概述

导游活动是随着人类旅游活动的发展而逐渐产生的，中国旅游业的发展与一代又一代导游员们的努力分不开，这说明了导游在旅游业中所具有的突出地位与重要作用。本章主要从四个方面对导游理论进行概述，分别是导游与导游服务、导游业发展历程、导游业发展现状以及导游业发展趋势。

第一节　导游与导游服务

一、导游概述

（一）导游的含义

首先，我们从词义上对"导游"这一词语进行分析。"导游"中的"导"意为"开通、引导"，而"导游"中的"游"，意思则是履行、游览，将"导"与"游"两个字连起来理解不难发现，导游的含义就是对旅行游览进行引导。

其次，我们从内涵、用法上对"导游"这一词语进行分析。第一，当导游作为名词使用时，其指的是导游员，表示职业、身份；第二，当导游作为动词使用时，其指的是导游服务。现如今，我国仍未对"导游"进行概念上的统一明确。在《导游学教程》中，刘静艳等人认为，导游属于接待服务人员，也是进行地区间横向联系与民间外交的第一线工作人员。其工作对象为游客，主要工作方式为与游客沟通思想、指导游客、引领游客参观游览；主要工作任务为对游客的吃、住、行、娱、购、游进行安排；主要工作目的是为国家建设进行资金积累，增进和游客的友谊与彼此了解。而在《导游学概论》中，陈永发认为，导游是在旅游供给过程中，对游客消费进行引导、协调、沟通、指导、组织旅游活动的一系列服务活动。通过对上述两个概念的分析，我们可以看出，实际上刘静艳等人认为的导游，属于导游者的定义，也就是导游的第一层含义；而陈永发认为的导游，属于导游活动的定义，也就是导游的第二层含义。既然导游一词同时具有导游者和导游活动的含义，那么我们也应当分别从这两方面对导游的概念进行表述。

一方面，所谓导游者，其实就是导游人员，我们可以用"导游员"对其进行简称。导游员就是对专门技能、知识进行运用，为游客安排、组织游览事项与整个旅行，提供各种有关服务（如旅途生活服务、讲解服务、向导服务等）的人。而具体到我国来说，导游员就是按照《导游人员管理条例》规定，拥有导游证，受旅行社委派，将讲解、向导以及相关旅游服务提供给游客的人员。在我国，导游员必须持证上岗，如果未取得导游人员资格证书，就不能从事导游活动。已经获得导游证的人，想要从事导游活动，还要在导游服务公司登记，或者与旅行社签订劳动合同，受其委派。

另一方面，所谓导游活动，就是导游人员接受旅行社委派，陪同、引导游客游览、旅行，将讲解、向导和其他服务提供给游客的过程。

导游服务是旅游业不可缺少的组成部分，导游员是旅游活动的灵魂，是完美旅行的保证。由旅行社组团的旅游消费活动主要是通过导游员的服务来实现的。导游服务质量直接影响旅游消费行为，导游员在某种程度上可以起到"点石成金"的作用。原本是一座山、一条河、一些古迹，经过导游员的讲解，就使其富有生命力，使游客得到艺术享受，增强游客的旅游情趣，所以有人说："祖国山水美不美，全凭导游员的一张嘴。"

（二）导游的分类

中国现代旅游业的发展历史还不长，旅游业的发展水平还处于初期阶段。在国外，特别是欧美旅游业发达国家，旅游业的发展已有上百年的历史，积累了相当丰富的经验。现将外国导游与中国导游分类及管理的情况分述如下。

1. 外国导游的分类

从任务性质角度出发，我们可以将外国导游划分为两大类，分别为国际出境旅游导游和国际入境旅游导游。

首先，我们来看国际入境旅游导游。从雇佣性质、活动范围出发，我们能够对国际入境旅游导游进行不同划分。

立足雇佣性质角度，可将国际入境旅游导游划分为以下四种类型：

（1）专业导游。所谓专业导游，就是被大饭店、旅行社、企业雇用的，专门从事导游接待的人员。在被正式雇用前，这些导游都要被培训，同时还须通过考核。专业导游有着固定工资收入。

（2）业余导游。业余导游与专业导游有所区分，其属于"自由职业者"。不过，这不代表业余导游的上岗不需要培训、考核。业余导游同样需要经过培训与考核，在得到有关部门颁发的执照后才能进行导游活动。通常来说，业余导游会和用人单位签订合同，通过接待旅游者的时间长短和人数多少确定报酬。业余导游一方面负责导游讲解，另一方面也会负责生活服务。在西方那些有着发达旅游业的国家，无论是大学生、自由职业者还是学者专家、大学教授，都可以从事业余导游工作，这一现象也十分普遍。

（3）游览点讲解员。游览点讲解员负责的是对自身所在游览点进行导游讲解，也仅仅负责此项工作。多数游览点讲解员都受雇于游览点。

（4）义务导游。义务导游不计薪酬，出于个人爱好，他们自愿承担起导游的工作任务。当然，义务导游也需要在有关部门进行注册，得到其颁发的证明，获得其批准。

立足活动范围角度，可以将国际入境导游划分为以下两种：

其一，能够活动于全国范围的导游。能够在全国范围内活动的导游，往往有着丰富的经验、较高的水平。他们长期从事导游工作，且成绩斐然，因而有资格引导游客游览国家重点文化古迹。例如，英国的国家重点参观游览点（如西敏寺、大英博物馆等），普通导游人员并没有导游资格，唯有那些有着极高水平的导游者方能在这些游览点进行导游活动。这样规定主要是为了确保导游质量，对重要文化古迹的价值进行维护，简单来说，就是避免由于导游人员水平不足、导游讲解质量低下而对珍贵文物的价值造成损害。

其二，活动于某一限定范围的导游。一般来说，这类导游的执照上也会明确标明，在限定范围之外的地方，该导游不得开展导游活动。例如，参观游览点的讲解员就属于活动于某一限定范围（即该游览点）的导游。

其次，我们再来看国际出境旅游导游。在中国，其被称为"团长"或者"领队"。一般来说，国际出境旅游导游受聘于外国旅行社，带领旅游团，引导其出国旅游。在旅行过程中，国际出境旅游导游对旅游团的活动安排进行负责，同时也负责处理各种问题；国际出境旅游导游对外国组团旅行社负责，同时也是旅行社的代表，与接待国展开业务联系。我们也可以将国际出境旅游导游划分为如下三种：职业领队、业余领队与义务领队。

（1）职业领队。职业领队属于外国旅行社雇用的工作人员，有着固定工资收入。每当外国旅行社接到旅游任务时，外国旅行社就会派其成为领队。部分情况下，旅行社的经理需要亲自当领队，带旅行团出国旅游，这是因为旅行社经理需要对接待国情况以及对旅游路线沿途情况进行详细了解。

（2）业余领队。业余领队是外国旅行社临时雇用的，主要是为了完成一次带团任务。业余领队大多对接待国情况十分熟悉，部分业余领队还能熟练掌握接待国所使用的语言。

（3）义务领队。所谓义务领队，指的是旅行团成员在彼此中推选一人，使其具有领队身份，承担领队职责。义务领队与职业领队、业余领队不同，他本身就是一名旅游者，只不过对其他旅游者提供义务服务。当然，有些时候义务领队也能享有一些优惠福利。在外国民间友好团体组织的旅游团中，常能见到义务领队的身影。通常来说，旅游团的成员也是该友好团体义务性质的工作人员或者会员。

2. 外国导游的管理

外国导游的管理，包括招聘、培训、使用、奖惩等，其最大特点是已制度化、法律化。许多国家制定了导游法，对导游人员的资格、选择、培养、管理和职业规范等做了详细规定。

（1）导游必须持证上岗

各个国家都在导游法律中进行明文规定，导游人员必须持有合法身份证或有效执照（颁发于授权单位），方能合法地从事导游工作。一般情况下，主管旅游的政府部门、政府旅游部门属于授权发照单位。有些国家政府也会对专门机关（如工商局、警察局）进行指定，让其负责颁发执照工作。导游执照有着不同种类，一般情况下，可划分为全国通用性执照或区域性、地方性执照，有的导游执照仅仅局限于某一旅游点。部分国家还对导游员在从事导游活动时使用的语言进行规定，即在导游时只能使用执照上指定的语言。导游者需要缴纳一定费用才能领取执照。如果有对执照进行补发或更换的需求，导游者也需要先缴纳一定费用。导游执照只能由本人进行使用，任何转让、出借行为都是无效的。在很多国家的导游法规中，还对监督导游人员的部门进行了明确。

（2）导游人员的资格规定

①国籍限制。部分国家规定，只有本国公民，或者获得永久居留许可的侨民才能申请导游执照。

②年龄限制。很多国家规定，只有20岁以上的人才能成为导游人员。

③健康要求。大部分国家的导游法规中都要求，只有身体健康、神经正常、无传染病的人才能从事导游活动。

④文化程度。每个国家都要求导游人员具有一定的教育文化水平，不过具体水平高低则有所不同。部分国家规定高中毕业的人方能从事导游活动，部分国家则将这一标准提高到大学毕业。

⑤参加培训考试。很多国家的导游法都对导游考试问题进行规定，要求导游人员通过相关部门考试、考核。例如，日本的《导游业法》规定，在运输省的考试中，申请人必须取得合格成绩，否则不能领取执照。如果出现考试作弊情况，作弊者三年内不得参加考试。

⑥品德要求。很多国家还在导游法规中对申请人的品德进行规定，要求其必须有着优良的品德、端正的行为，不应存在犯罪前科。

（3）导游人员的行为准则

①在执行任务时，导游人员必须将导游执照随身携带，还要佩戴证章或正式徽章，必要时应当出示导游执照。部分国家还对导游人员所穿的制服有规定要求。

②严格按规章收费。部分国家在导游法规中详细规定了导游的收费标准，禁止少收或多收。授权机构有权规定、更改收费标准，个人应服从且不可违背。

③导游人员的禁忌。部分国家规定导游人员不得从事商业性活动，也不能代理他人从事商业性活动。同时，还规定导游人员不能额外收取佣金，不能对旅游者进行暗示或直接索要额外物品，或要求旅游者满足其他个人要求。当然，也有一部分国家对导游人员收取回扣、小费等行为持允许态度。例如，在泰国，专业

导游人员收入来源中，非常重要的一部分就是收取回扣与小费。

④导游人员必须注重仪表。各个国家都对导游人员的仪表予以规定，要求其有着庄重的仪表、文雅的谈吐，为游客带来周到而礼貌的服务。

⑤报告工作。部分国家的导游法规中，要求导游人员必须定期向有关部门进行工作报告。

（4）惩罚规定

通常来说，外国导游法规中都会对那些违反法规的导游人员明确相关处罚规则，处罚包括警告、罚款、吊销执照，严重的还会判刑。所以，在申请执照时，人们需要缴纳一定押金、保证金，其用途便是支付罚款。

不过，世界上也有一些国家并未颁布出台正式的导游法规，有些国家仅仅对导游人员的登记注册提出要求；有些国家则是通过行业组织（如导游协会等）组织颁发导游规范、行为准则，要求导游人员共同予以遵守。例如，英国导游协会就制订严格的导游人员行为准则，公布了导游费用计算方法，将相关依据提供给导游人员与雇用单位，同时对投诉进行受理，根据具体情况进行查处等。

3. 中国导游的分类

当前中国出境旅游属于起步阶段，因此我国没有完全意义上的国际出境旅游导游，不过中国旅游业有着明显的国内旅游与国际入境旅游的划分，在中国，导游被分为两大类别，其一为国内旅游导游，其二为国际入境导游。当然，我们也可以按照雇佣性质、活动范围、使用语言对我国导游进行划分。

（1）立足雇用性质角度进行划分，可将我国导游分为专业导游、业余导游。

①专业导游。由第一、二类旅行社（即授权接待国际旅游者的旅行社）雇用的专业导游人员，其属于在编职工、干部，根据现行工资制度获得固定工资收入。在我国全体导游人员中，专业导游占最大比例，他们多数接受过中、高等教育，很多都毕业于外语高等院校或旅游高等院校，接受过系统的、专门的训练。在导游队伍中，专业导游属于骨干力量。

②业余导游。近些年，我国开始出现业余导游的身影。众所周知，旅游业存在淡季与旺季的区别，在淡季时，较少人出门旅游，导致专业导游人员空闲多、任务少；而在旺季时，人们纷纷出门旅游，导致专业导游任务繁重，无法满足人们的需求。为此，旅行社会雇用业余导游人员，从而保证旺季时也能有导游对

每一名游客进行导览讲解。业余导游可能是最初工作于旅行社，后又被调派到其他部门的老导游员，也可能是有着大专及以上文化水平，能熟练运用一种及以上外语的人。当然，想要成为业余导游人员，也需要进行短期培训，同时获得合格证。

（2）立足活动范围角度进行划分，可将我国导游分为如下类别：

①全程陪同导游。全程陪同导游，顾名思义，负责游客旅行的全过程，也被称为"全陪"。其主要对国际旅游团队从入境到出境全过程的导游服务接待工作负责。同时，在完成相关接团任务后，还要全程陪同导游完成收尾、总结工作。全程陪同导游有着如下任务：与地方陪同导游密切合作，依照中方与外国旅行社签订的合同，共同接待、服务国外旅游者或旅游团。全程陪同导游对以下工作予以侧重，包括全程旅行、游览参观、计划与安排其他活动、账目结算、对外宣传、了解情况、处理特殊问题、安全保障等，同时代表旅行社在业务方面与旅游者进行联系与磋商。

②地方陪同导游。人们常说的"地陪"，实际上就是地方陪同导游的简称。当旅游者或旅游团经过某省市时，该省市的接待旅行社会派出导游人员，这些导游人员就属于地方陪同导游。在旅游者、旅游团于当地停留时期，地方陪同导游代表当地的接待旅行社为其提供全套接待服务。地陪需要与全陪密切合作，依照计划将当地接待服务完成好，同时处理、解决各种可能发生的问题。地方陪同导游也需要完成好善后与总结汇报工作。

③参观游览点讲解员。在某一参观游览点，上级主管部门派驻的，或该参观游览点管理部门派出的，负责讲解、导览该参观游览点的工作人员就是参观游览点讲解员。参观游览点讲解员只承担讲解任务，而不用负责其他工作。北京的雍和宫、人民大会堂、毛主席纪念堂等，都有参观游览点讲解员参与。

（3）立足导游人员从事导游活动时的使用语言角度进行划分，可将我国导游分为如下类别：

①外国语导游；

②汉语普通话导游；

③地方方言导游；

④少数民族语言导游。

4. 中国导游的管理

中国导游业是随着中国旅游业的发展而发展起来的新兴行业，经历了从无到有、从小到大、从无序管理到有序管理的过程。1978年，国家曾制定了《旅游涉外人员守则》，属内部文件。这个守则的指导思想是对旅游涉外人员严加管理，对不该有的导游行为做了具体严格的规定。1987年国家旅游局发布了经国务院批准的《导游人员管理暂行规定》，这是我国导游管理的第一份正式文件。这个规定的指导思想有了较大改进，不仅规定了义务，也规定了权利。纵观我国导游管理的情况大致如下：

（1）导游证书。人们常说的"导游证"，就是导游证书，代表着导游人员具有从事导游活动的资格。之所以向导游人员颁发导游证，要求其必须"持证上岗"，主要是为了对旅游声誉进行维护，对导游素质进行提升，对导游服务质量予以保障，同时也更加方便有关部门进行检查与监督。我国导游证书由国家旅游局统一制作，全国范围通用，只限本人工作时使用，不得外借或转让。导游从业人员首先要参加当地旅游局组织的外语口试、笔试、导游基础知识、方针政策、导游业务等项目的专业考试，成绩合格并经有关部门审查后方可领取导游员证书，未经正式考试而临时从事导游的人员，经考核后可领取临时导游证书。

（2）导游守则。我国导游人员在工作中所必须遵守的纪律：①忠于祖国，发扬爱国主义精神，自觉维护民族尊严；②坚持无产阶级国际主义，反对狭隘民族主义和大国沙文主义；③严格遵守旅游工作的各项规章制度和有关工作细则，努力维护我国的旅游声誉；④加强请示汇报，对重大问题不得擅自处理，对外不得发表违反政策的言论；⑤严守国家机密，注意内外有别；⑥坚守岗位，认真负责；⑦维护和宣传我国的法律、法令和海关规定；⑧不介入旅游者之间的分歧和矛盾；⑨不得携带自己的亲友、同学、同事等参加旅游活动；⑩出现危急情况应挺身而出，保护旅游者的人身和财物安全，不得擅离职守；⑪不得利用工作之便贪污受贿、套汇逃汇，不得接受小费。

（3）导游考核。考核是我国促进导游人员刻苦钻研业务和竭诚为游客服务的主要措施之一，主要包括：①定期考试与工作考察相结合，考试能了解导游的语言（中、外文、特种地方话和少数民族语）、导游知识和导游业务水平；考察则能了解其办事能力、职业道德、服务态度等方面的情况。这样才能比较全面地了解导游的实际水平和导游效果。②考试的内容和方法要适应专业的需要。考试内容不只限于外语（或其他语言），也包括导游基础知识、导游业务、方针政策等。考试方法采用口试与笔试相结合，以促进导游人员业务水平的全面提高。③考核与奖惩相结合。我国有关部门规定，专职导游在导游资格考试中，一门不及格便不得领取导游证，第二年须全部重考；第二年仍有一门不及格者，便调离导游岗位。对游客在意见表中打满分的导游，给予一定的奖励；打负分的则给予一定的处罚。这些行之有效的措施，有力地促进了导游人员各种素质的全面提高。④考核与职称评定挂钩。⑤考核形成制度化。

（4）导游职责。在中国，导游人员主要应负责以下工作内容：

其一，对于旅行社分配的导游任务，要根据接待计划，对旅游者进行组织、安排，使其完成游览与参观任务；其二，为旅游者导游、翻译、传播、讲解中国文化；其三，配合有关部门对旅游者的食宿、交通进行安排，也可就上述内容对有关部门进行督促，对旅游者的财物安全、人身安全进行保护；其四，对旅游者提出的要求、意见进行反映，对座谈、会见等活动进行安排与联系；其五，对旅游者提出的问询予以解答，当旅游者在旅游过程中遇到困难或问题时，导游人员应当协助旅游者进行处理与解决。

（5）处罚规定。若导游人员未对规定职责进行履行，且造成后果十分严重，则需要根据相关情节对其进行行政处分，同时可以对该导游人员的导游证书进行扣留；若导游人员拒绝相关部门、相关工作人员对其工作进行检查，且不能给出合理理由，则需要对其导游证书进行扣留；若同时出现上述两种行为，且情节恶劣，在省、自治区、直辖市行政管理部门批准后，需要对该导游人员导游证书予以收回，对其导游注册信息予以注销。如果该导游人员对所受处罚不服，则可以提出上诉。若导游人员未依照规定参加相关考试，未管理等级注册手续，不得从事导游活动、开展导游工作，否则，旅游管理部门将没收其全部非法所得，同时对该导游人员处以非法所得3倍以下罚款。

（三）导游工作的性质

1. 导游工作是旅游服务中的重要组成部分

旅游经营业务的主体就是旅游服务，同时，旅游服务也是对旅游业经营既定目标进行实现的一种基本手段，是能够将满足旅游者需求、转化旅游商品的供给变为客观事实的媒介。各种服务机构充分发挥自身职能，这是旅游服务的依托，如此才能保证旅游者拥有愉快而满足的旅游生活。

旅游服务有着非常广泛的范围，如提供旅游者交通工具帮助其离家和返家、提供旅游者方便的旅途通信手段、为旅游者安排食宿、帮助旅游者代办抵离异国国境或出入本国国境的手续、组织旅游者游览项目、在旅游观光中对旅游者进行现场引导、在旅游者购买土特产品时为其进行参谋指导、满足旅游者所需的文化娱乐生活、在医疗保健方面帮助和照顾旅游者、帮助旅游者代办行包托运报关、提取接送行李物件，还有其他为保障旅游者正常进行生活、游玩所必不可少的服务。上述种种，都包含于旅游服务之中。从整体来看，旅游服务的轴心为"导游服务"。导游工作能够系列化旅游服务各环节、各方面、各项目，使其有机结合，转变为现实中的旅游商品。通过组织旅游活动、实地讲解导游，导游人员能够为旅游者在精神上、物质上都提供最佳服务，从而达到旅游经营的目的。因此，在国际旅游界一直流传着这种说法：如果一场旅行缺乏导游员，那么它将是不完美的，甚至缺少灵魂。

2. 导游需要完成旅游商品的销售

站在经济学层面研究旅游，我们可以把旅游看成一种商品，也就是旅游商品。从狭义角度对旅游商品进行理解，它就是一种有形商品，如旅游纪念品、旅游工艺美术品等；而从广义角度对旅游商品进行理解，它属于无形商品，依托综合服务形式而诞生。通常来讲，人们交换有形商品，属于一次性行为，工厂生产出商品，售卖者将其摆放在货架上，购买者进行消费，付出金钱购买该商品，至此，交换便宣告终止。与普通有形商品不同，依托综合服务而诞生的无形旅游商品，其生产过程就等于销售过程，并且其交换具有多次性，在综合接待服务的全过程都有体现。旅游商品交换的过程，包括旅游者入境到出境的全过程。

通过对无形的旅游商品进行分析，我们可以发现：其一，想要销售旅游商品，就需要依靠旅游综合服务；而旅游综合服务中，导游接待服务属于中心地位，所以本质上看，想要销售旅游商品，需要依靠的是导游接待服务。旅游商品的生产、销售全过程都有导游人员的参与。其二，旅游商品质量高低，密切关联于导游接待服务的质量高低。凡商品，都有使用价值属性和价值属性。交换价值以价值为基础，而旅游企业则以价值作为自己所追求的目标，这是因为旅游企业生产旅游商品并进行销售都是以营利为目的的。但是对于旅游者来说，比起旅游商品的价值，其对旅游商品的使用价值更为关注，这是因为旅游者之所以对旅游商品进行购买，就是因为旅游商品自身所具有的使用价值。当旅游商品具有更高的使用价值时，旅游者的购买意愿也会更为强烈；而当旅游商品使用价值很低的时候，旅游者往往不会购买。因此，在追求旅游商品价值的同时，旅游企业也要提升旅游商品的使用价值，并对此应多加重视，否则，若旅游者不愿购买旅游商品，旅游商品自然也无法实现其价值。因此，价值的物质承担者或载体变为使用价值。旅游企业想要对自身生产的旅游商品的使用价值进行提升，最为重要的一环就是对服务质量进行提高。因此，拥有较高素质、较高服务质量的导游人员，在旅游商品使用价值的提升方面，可谓意义重大。由此，"导游业务"被各国旅游界公认为最重要的业务、最具特色的工作以及具有代表性的业务。

3. 导游工作是一种文化性的行为

导游服务的实际承担者是导游工作者，同时，导游工作者也是将导游服务提供给旅游者的主体。导游讲解所依托的正是导游人员的文化修养、语言艺术，需要其观察力敏锐、知识广博；而导游服务所依托的，则是导游人员的服务技能、职业道德，需要其办事能力优异、服务态度良好。如此，导游人员才能将导游工作圆满完成。此外，作为旅游事业的组成部分，导游接待服务不仅要通过将各项导游服务提供给旅游者，从而得到经济方面的劳务报酬，将合理利益带给企业与国家，更需要通过良好而优质的导游服务，让旅游者了解旅游地的古今文明，丰富旅游者的精神文化生活，并增进其各方面知识，使旅游者能够更全面、深入地了解旅游地各地区、各族人民。站在这一层面来说，导游人员既是对文化、社会、历史知识进行传播的专家，又是民间使节，能够增进各国、各地人民友谊。

有这样一句话：看景不如听景。文化古迹、艺术宝库、优美风光、壮丽河山……唯有辅以导游员详细、生动、系统的解说，加之一个个动人故事，才能真正"活"起来，勾起人们内心深处的兴趣，让旅游者收获更多知识、享受更多审美乐趣、感受更多异域风情。二十世纪六七十年代，世界上大多数游客到国外是为了度假、休息、享受；二十世纪 80 年代以来，以领略他国社会风情、获取异地知识为目的的旅游所占比重增加，因此导游员的重要性就更为明显。本来是一座山、一条长河、一些古迹，只有经过导游员的讲解，这些物质财富才会变成精神财富，富有生命，为人们提供美好的艺术享受，增强旅游者的游趣。因此，导游员的工作具有"点石成金"的作用。

（四）导游在旅游中的地位

在旅游综合服务中，导游接待服务处于中心地位。人们常说，"导游在实际接待工作中是非常关键的人物""对于旅行社来说，导游是支柱""对于旅游业来说，导游是灵魂"，这些都体现出导游接待服务的这种中心地位。从经营管理的角度看导游接待服务的中心地位表现在下述三方面：

1. 承上启下

所谓"上"，也就是上级领导部门，如地方旅游领导机构、国家旅游领导机构以及旅行社等；所谓"下"指的是社会各界与基层旅游企事业单位。对上级领导部门而言，导游人员是国家的工作人员，对国家和上级部门制定的有关法规、方针、纪律和制度，必须在工作中加以执行贯彻。对于下面各基层旅游企事业单位，社会各界在执行有关法律、方针、政策以及纪律制度方面的情况以及各种意见、反应，导游人员必须及时上报，进行信息反馈。

想要将工作做好，就要保证上下之间信息交流的顺畅，这是重要保证。导游处于旅游服务第一线，对情况最为熟悉，因而能够充分发挥承上启下的重要作用。

2. 沟通内外

"内"指中国方面的内部各有关部门以及中国社会。"外"指外国的有关方面，如国际旅游市场、外国旅行社、旅游者，也包括外国的舆论界。国家或上级管理部门制定的有关法规和方针、政策最终还是要落实到外国旅行社和旅游者身上，他们的反应如何、有何批评和建议，大都是导游人员最先知道，导游人员应及时向有关部门反映。

当面临特殊问题、情况，需要中国方面有关部门和外国旅游者、领队、旅行社协商解决时，就凸显出导游人员沟通内外的角色重要性。导游人员直接与旅游者沟通交流，能够直接看到、听到、感受到旅游者对中国大大小小、方方面面情况的评价、议论，因此其居于收集信息的有利地位，能将相关信息提供给国家和有关部门。

3. 协调左右

这里说的"左"与"右",指的是与旅行社协作的部门,如娱乐部门、参观游览单位、车队、饭店、宾馆等,还包括公安、检疫、边防、海关等有关部门。旅行社通过外联招徕旅游者,在接待服务中则必须加强横向联系,与一切有关部门密切合作、协调行动,这样才能做好工作。否则,无论是哪一个环节出了差错,都会影响服务质量。

身处接待服务前线的是导游人员,不管是帮助旅游者办理各种手续、接洽各种事务,还是将参观游览服务、讲解服务、生活服务、旅行服务提供给旅游者,导游人员都会不可避免地接触其他服务部门,要寻求其配合,从而协同动作,将配合协作链形成,这个协作链的中心一环就是导游人员。如果这个链上某一个或某几个环节出现不协调的状况,就要由导游人员出面调解;如果协作单位之间互有意见,互相扯皮,也要由导游人员出面解决。如若不然,会对整体接待服务的顺利进行产生影响。所以,在旅游接待综合服务协调中,导游人员也处于中心地位,肩负着非常重大的责任。

(五)导游的作用

在我国的经济发展中,旅游业已被列为我国重要的经济产业之一,因此导游工作首先具有经济属性。在我国以经济建设为中心的现代时期,旅游业必将成为最重要的第三产业,成为一项创收外汇、扩大就业、回笼货币、促进经济社会发展的重要产业。导游工作在旅游业中处于最活跃、最积极的地位,具有重要的经济和政治作用。

1. 导游的经济作用

在旅游业中,导游主要发挥如下经济作用:

(1)直接创汇。导游工作是一项直接面向旅游者的服务工作,在吃、住、行、游、购、娱诸环节中,哪一环节都离不开导游员的服务。无论是旅游团或是零星游客,无论是综合服务或是委托代办,导游工作都可以为国家建设创收外汇和资金。以 1988 年对外综合服务收费标准计算,全陪和地陪平均每人每年实际为国家创汇 1.39 万美元,经济效益大于一般产业工人。

(2)节约开支。由于导游员处于日程安排的中心地位,一位细心的导游员可以运用合理安排计划、随时灵活调整、适时适度地引导、杜绝责任事故、爱惜和节约公用财物等办法，节省接待开支而不违反对外合同。

（3）扩大客源。由于导游工作接触旅游者时间长、层次深、影响大，形成旅游者的好印象是一个重要因素。出色的导游接待以优质服务对旅游者进行实际的、形象地宣传工作，可增加回头客的比例，同时通过满意而归的旅游者口口相传，提高旅游业的知名度，为扩大客源做出贡献。

（4）促进交流。在大量旅游者中有相当部分是经济界人士、专家、学者或其他专门人才，旅游工作人员特别是导游人员通过搭桥牵线有可能会促进经济、科技、学术、文化的交流，若再善于捉住时机，因势利导，导游人员在促进交流方面将大有可为。此外，从宏观角度来看，导游工作是整个旅游服务工作的重要组成部分，而旅游业对提供就业机会、加快货币回笼、带动各经济部门乃至地区和全国经济的发展和繁荣均可产生可观的效益，这其中也有导游人员的一份作用。

2. 导游的政治作用

导游工作是一项直接接触人的服务工作，往往又是一项涉外工作，因此它具有十分重要的政治作用，主要表现在以下两个方面：

（1）宣传自己。导游工作的中心任务是导游讲解，导游员通过导游讲解可以把自己祖国的自然风光、历史文化、人文风情介绍得引人入胜、回味无穷，与旅游者进行交流，帮助旅游者更深刻地了解和认识接待国或地区。

在我国，导游员开展宣传、讲解活动时，需要遵守以下原则：求同存异、不卑不亢；内外有别、实事求是；因势利导、积极主动；生动自然，有的放矢。

（2）民间"大使"。导游工作属于一项民间交流工作，也是一项涉外工作，在与阶层广泛、人数众多的旅游者接触时，具备诸多便利条件。导游人员可以对旅游工作所具有的优势（如广泛性、群众性、官方性）加以利用，广泛结交朋友，增进彼此友谊，这一点是官方外交有所欠缺的。所以，对于官方外交来说，旅游工作（包括导游工作）可谓是一种先导、一种重要补充，导游员在旅游者眼中具有民间"大使"身份。当然，导游人员所起到的政治作用不止于此，导游人员还能了解旅游者针对服务工作或其他方面的意见、建议，在活动期间做好安全保卫工作，发挥调研、保卫作用。

二、导游服务

（一）导游服务的性质与特点

1. 导游服务的性质

时代不同、国家不同，对导游服务性质的认定也不同，这主要是思想意识不同、经济水平不同、民族文化存在差异以及旅游业处于不同发展阶段导致的，也与导游服务作为服务和旅游产品组成部分的基本特征存在一定联系。

（1）社会性

作为一种世界性的社会现象，旅游活动发挥着重要作用：对社会精神文明建设、物质文明建设进行促进。导游员服务于旅游者，其从事的导游服务工作本身便带有社会性。不同的旅游者往往来自不同的社会生活，导游人员想要满足旅游者的各种需求，就要在服务过程中经常接触游客，并且与社会各方面发生社会联系。世界上很多国家都将导游工作纳入社会职业，在绝大多数导游员看来，导游工作是自己的谋生手段。因此，在社会经济活动中，导游服务属于一种正常现象。

（2）文化性

由于游客追求异国他乡的知识和文化品位，导游服务具有文化性。导游人员在服务期间，无论是自身的行为举止、仪容仪表还是同游客的日常交谈、提供的导游讲解，都渗透着、代表着旅游目的地国家或地区民族的现代文明和传统文化。旅游者往往来自天南地北、五湖四海，导游者在将乐趣、知识以及美的享受提供给旅游者的同时，也对各国、各民族的现代文明与传统文化进行汲取，对中外文化的传播与交流起到促进作用。

（3）服务性

中国的导游工作是一项为社会主义建设和国内外民间交往服务的旅游服务工作，它以旅游者为服务对象，以协调旅游活动、导游讲解、帮助旅游者了解中国为主要服务职责，以沟通语言和文化为主要服务形式，以增进相互了解和友谊为主要工作目的，以"热情友好，服务周到"为服务座右铭。

（4）经济性

通过交换，导游员的劳动拥有交换价值，在市场上表现为价格，所以导游服务也具有经济性，具体体现在以下四方面：

①直接创收

导游人员直接服务于旅游者，将旅游生活服务、导游讲解服务、语言翻译服务和各种代办服务提供给旅游者，并向其收取手续费、服务费等费用。从中我们可以看到，导游工作能够为国家建设积累资金、回笼货币、创收外汇。

②扩大客源，间接创收

旅游业想要生存、发展，旅游者是其先决条件，缺少了旅游者，就根本无法对旅游业进行发展。旅游客源包括隐性客源（准备旅游的人）、显性客源（正在旅游的人）以及重游客源（可能再次来本地进行旅游的人）。其中，相较于显性客源，重游客源与隐性客源往往能创造更多经济利益。世界上很多国家和地区的政府为发展旅游业，在国内、国外投入大量人力、财力，开展大规模促销活动、广告宣传招揽游客，如果导游人员能够为旅游者提供非常优质的服务，那么就会让显性客源感到满足、满意，为之留下很好的旅游体验、旅游印象，继而通过这些显性客源进一步扩大旅游地的美誉度、知名度，对扩大新客源、招揽回头客起到促进作用，实现间接创收。

③促销商品

在"食、宿、行、游、购、娱"旅游六要素中，购物服务所创造的经济效益是最大的。而在促销商品过程中，导游员可谓起到举足轻重的作用。想要开展更为有效的旅游导购服务，导游员就要对旅游者的购物需求进行最大限度的满足，首先要有着积极的态度，从思想上加以重视；其次要熟悉商品，热情宣传；第三要了解对象，因势利导；最后还要注意掌握推销原则，在旅游者"需要购物、愿意购物"的基础之上开展导购服务。

④促进经济和科技交流

外国雄厚的资金、先进的技术是我国进行经济建设的强大助力。那些来华旅游的旅游者中，有经济界人士，也有方方面面的专家。其中，有的人希望借助旅游契机，接触各地同行，实现信息交流与沟通；有的人打算在访问、参观的过程中，对投资环境以及合作可能性进行了解；有的人计划借此机会进行捐赠、贷款等。因此，在与游客交往过程中，导游人员要成为"有心人"，尽可能地对不同游客的不同愿望进行了解，同时及时报告给旅行社，积极地按照领导指示开展牵线搭桥工作，对中外以及地区的经济和科技交流发挥起到促进作用，为我国社会主义建设贡献自己的一份力量。

2. 导游服务的特点

（1）独立性强

在旅行社委派任务后，导游人员接受该任务，独当一面地带团旅游，独立地为旅游者提供导游服务，具体包括以下几方面：

①独立执行接待计划。旅行社在和旅游者对旅游行程安排进行商定后，会从协商结果出发，对旅游接待计划进行制订，同时将该计划下达给导游员。而旅游接待计划能不能得到落实，真正转变为现实中的接待项目、活动内容，就要依靠导游员积极发挥主观能动性。导游员要根据自己把握的各方面情况以及判断，在顺应旅行社意志的前提下，独立执行接待计划。

②独立提供讲解服务。导游人员在带领旅游者抵达游览参观景点之后，要从不同游客的审美情趣、文化层次出发，有针对性地提供讲解服务，从而对旅游者的精神享受需求予以满足。对于导游人员来说，讲解服务属于最重要的工作任务，其他人不能替代，只能由其独立完成。

③独立开展文化交流。前文中我们提到，导游工作具有文化性，这也对导游人员提出要求：在带领旅游者游览、参观时，导游人员必须对与旅游者之间的文化交流多加注意。在文化交流过程中，导游人员既可以更多地了解旅游者，增进彼此之间的友谊，又可以帮助旅游者对在本地的旅游状态进行更好的调整，从而为其带来最佳旅游效果。导游人员必须独立完成这项工作，无法由他人代替。

④独立处理突发事件。旅游者常常会在旅游期间临时提出各种要求，有单独服务要求，也有群体服务要求。当旅游者提出这些要求后，他们往往希望导游员能及时进行答复。因此，导游人员一般没有时间向旅行社领导或者其他部门征询意见，需要独立对此进行处理。同时，如果外部环境出现变化，旅游团很有可能面临突发事故，这也对导游员提出要求，其应当迅速应变、果断处理。

（2）脑体高度结合

导游服务这项工作有着体力与脑力劳动高度结合的特点，因而要求导游员具有较高的身体素质与心理素质。

导游员会接待各种各样的旅游者，他们有着不同文化水平、不同社会背景，其中也有很多游客是来自某些领域的学者、专家。所以导游员知识面要广泛，涉猎社会文化、政治经济、医疗卫生、天文地理等领域，古今中外都要知晓。导游员要充分运用自己的智慧与知识，对景观进行讲解，对提问进行回答。可以说，导游服务是复杂而艰苦的脑力劳动。

同时，导游员也有着很大的体力工作量。导游员不仅要在游览、参观期间为旅游者进行介绍与讲解，还要随时随地对旅游者的要求做出回应，帮助旅游者解决相关问题。特别是每逢旅游旺季，导游员工作任务繁重，需要"连轴转"，整日、整周乃至整月陪同旅游者。无论酷暑、严寒，导游员都要在外长期作业，这不仅使其有着极大的体力消耗，更使其缺乏正常休息时间。

（3）复杂多变

导游服务工作有着频繁的变化、复杂的内容，因而其特点为"复杂多变"，主要体现在以下几方面：

①服务对象复杂。游客是导游的服务对象，有着不同肤色、不同民族、不同国籍，在文化素质、宗教信仰、年龄、性别、职业等方面也存在很大差异。导游人员的服务就是面向这种十分复杂、不断变化的社会人群展开的。

②游客需求多样。导游人员不仅要按照接待计划，向旅游者提供旅游期间的基本服务（如食、住、娱、购、游、行等），还需要满足游客个人愿望，对旅游中临时出现的问题进行及时、妥善处理，如游客证件丢失、财物被盗、游客走失、患病、游客传递物品、信件等。每次工作，由于有着不同的客观条件、不同的时间场合、不同的服务对象，导游人员必须做到判断准确、审时度势，妥善处理。

③接触人员多，有着复杂的人际关系。导游人员在带团旅游的过程中，不仅要与游客接触，也会在对游客活动进行组织、安排时，接洽商店、旅游点、餐馆、饭店以及交通等部门和单位的人员，还要对导游工作集体内部以及外方导游员与中方导游员之间的关系进行处理。尽管导游人员所面对的林林总总的关系属于合作关系，是以共同目标为基础建立的，但是每一种关系背后实则都有各自利益，而落实到具体人员身上之后，可能会出现更为复杂的情况。导游人员既代表着委派自己的旅行社，要对旅行社的利益、信誉加以维护，又代表着游客，要对游客的合法权益进行维护，此外，还要以双重代表（即代表游客、旅行社）的身份交

涉于其他各方。在这张复杂人际关系网中，导游人员处于中心位置，要直面各种精神污染、物质诱惑。在同国外游客正常交往过程中，因为双方思想观念、意识形态等方面有所不同，一些不健康的生活作风、思想意识也会影响导游人员。一定情况下，导游人员还会面临地位、名利、金钱等方面诱惑。所以，导游人员思想政治水平要高，要做到头脑清醒，自觉对各种诱惑、污染进行抵制。

（4）关联度高

除了导游人员的能力、水平会影响旅游活动成功与否外，旅游接待服务中其他相关单位、部门的支持与配合也是影响因素之一。对于旅游者的旅游活动而言，旅游接待服务中相关单位、部门提供的服务是不可或缺的，并且环环相扣。无论哪一个环节的服务，一旦出现偏差，都会对全局造成影响，使导游服务水准降低，让游客出现心理压力。假使导游人员未能妥当安排各相关接待环节，出现考虑不周等问题，很可能导致服务失误，甚至导致服务严重失误，阻碍整个旅游活动顺利进行。

（二）导游服务的地位和作用

导游服务在旅游服务体系中具有重要意义，这一点早已为实践活动所证明，也得到了世界各国旅游业界的公认。

1.导游服务处于旅游服务体系的中心地位

旅游者在旅游过程中会接收到多个部门提供的服务，但他们自己并不一定直接与这些部门和人员接触。在旅行社组织的团队和散客旅游活动中，导游员作为旅行社的代表居中协调。导游人员根据旅游者和旅游活动的实际情况，结合旅游服务体系各部门的工作内容和特点，充分运用自己的聪明才智，准确合理地引导旅游者开展旅游活动，按部就班地接受各部门提供的服务。因此，人们常说"导游是旅游业的灵魂""在实际接待工作中，导游是关键人物"，就是指导游服务在旅游服务体系中所处的中心地位。

在旅行社内部，导游服务是直接面对客户开展销售的工种，是旅行社其他部门工作成果的最终体现。导游人员处在旅行社工作的第一线，直接关系到旅行社的形象和信誉。所以，也有这样的说法，"一名优秀的导游员等于半个旅行社"，这说明导游服务在旅行社中也是处于中心地位。

2.导游服务起着主导作用

我们可以将旅游接待过程视为一条链条，这条链条中的一个个环节，就是向旅游者提供的娱乐、购物、游览、交通、餐饮、住宿等服务，它们环环相扣。而将这些环节逐一连接起来的，正是导游服务。通过发挥导游服务的主导作用，相应服务单位、部门实现了服务于产品的销售；游客满足了自身在旅游过程中的种种需求；旅游目的地的旅游产品能够进入消费，使其自身价值得以实现。当我们从整体来观察旅游活动时，不难看出，导游服务于各个部门，贯穿于各个方面。

（三）导游服务的范围和原则

1.导游服务的范围

导游服务涉及面广，内容众多。从广义方面来说，旅游服务的各个部分都与导游服务有或多或少的联系；从狭义方面来说，导游服务主要是指导游员在讲解、生活、驾驶和监督四个范围内提供的服务。

（1）导游讲解服务

提起"导游服务"，大部分人第一时间想到的就是讲解服务，而这一服务也是人们最为熟知的导游服务。讲解服务包括如下内容：导游员在旅游景点的实地讲解服务、在旅游目的地乘车时的沿途讲解服务以及在旅行期间的讲解服务。同时，在陪同外宾拜会、访问、座谈时，外语导游员提供的口译服务实际上也被纳入导游讲解服务范畴。

（2）旅行生活服务

在导游服务中，旅游生活服务占据相当大的比例，也有着最为烦琐的内容。旅游生活服务包括如下内容：上下站联络服务、娱乐及购物引导服务、团队安全服务、交通安排服务、饮食起居照料服务以及旅游团出入境迎送服务。

（3）短途驾驶服务

在市区内（含市郊短途），导游员担任司机，驾驶旅游车，带领旅游团参观游览的服务，就是短途驾驶服务。在西方国家那些有着发达交通的城市，如伦敦、慕尼黑、巴黎等，这种服务较为多见。不过在我国，这种服务目前较少。

（4）质量监控服务

导游服务中的质量监控服务有三层含义：第一，导游员必须监督其他旅游服务部门提供符合标准的产品，如达到相应星级标准的客房、车龄合格的旅游车等；

第二，全陪必须监督各地接待旅行社提供符合协议要求的接待服务；第三，出境团领队必须监督旅游目的国的导游员合理合法地开展导游服务，不得强制或欺骗出境游客消费。

需要注意的是，尽管导游服务涵盖上述四个部分，然而导游员在每次带团旅游过程中，并不是一定要将这四部分导游服务都提供给旅游团。现实中，每一种导游服务都有其侧重与外廓，彼此相辅相成，在最大程度上帮助旅游者实现旅游愿望。

2. 导游服务的原则

（1）游客至上的原则

自从1845年托马斯·库克创办世界上第一家旅行社，"为一切旅游公众服务"就是旅游业的服务宗旨。旅游者是旅游业生存之基，也是旅行社发展之本，更是导游服务的成长之源。对于导游人员来说，没有游客就没有了服务对象，其工作也就失去了存在的意义和价值。在市场经济条件下，游客是买方，导游人员代表旅行社处在卖方的位置。只有依照买方的要求，卖方的产品或服务才能实现其价值。因此，导游服务中必须坚守游客至上的原则，始终坚持将旅游者放在第一位去考虑。

对游客至上原则的遵循与贯彻，需要导游员在进行导游服务时，高度重视对旅游者合法权益的保护。那么，何为旅游者的合法权益呢？其既含有旅游者身为普通公民所具有的基本权利，也含有其作为特定消费群体（即旅游者）所具有的基本权利。具体而言，旅游者享有如下合法权益：寻求法律救援权、旅游自由权、求偿权、旅游公平交易权、旅游服务自主选择权、医疗求助权、旅游获知权、人身和财物安全权、享受旅游服务权等。

对游客至上原则的遵循与贯彻，还要求导游在进行服务过程中，既要规范化服务，又要个性化服务，要将二者结合起来。所谓规范化服务，也可被称为"标准化服务"，指的是国家与行业主管部门制订并发布的某项服务（工作）应当满足的统一标准，而从事该服务（工作）的人员，必须按照该统一标准，在规定时间内进行服务（工作）。所谓个性化服务，又被称作特殊服务，指导游人员对旅游者与旅行社签订的合同或约定的内容依照国家与行业主管部门制订并发布的统一标准完成之外，对于那些在旅游过程中旅游者提出的合理要求，也要提供相应的个别服务，从而更好满足旅游者的需求。

当然，这里所说的"游客至上"，并不意味着导游人员要对旅游者提出的所有要求都无条件予以满足。导游人员应当在一定限度内对旅游者的需求予以满足，不可为了讨好游客牺牲旅行社、地区甚至国家利益，也不可对游客提出的所有要求都全盘接受。部分情况下，尽管游客提出了合理的要求，然而从现实情况来看，是难以满足的，此时导游员应当实话实说，将实际情况告知游客，这非但不会违背游客至上原则，相反的，这正体现了游客至上原则。

（2）双效益结合的原则

这里所说的"双效益"，其一是指导游服务能够创造经济效益，其二是指导游服务能经济效益社会效益。

在旅游接待服务中，导游服务是非常重要的组成部分，其属于有偿服务，而在旅行社向旅游者所提供的旅游产品总价中，就已经包括这部分费用。因此，导游服务所创造的经济效益是旅行社整体经济效益的一部分，导游人员应从扩大旅行社经济效益的立场出发做好导游服务工作。

导游服务又是一种文化传播活动。导游人员通过与游客的文化交流，能够产生明显的社会效益。

优质的导游服务能体现一个国家（地区）的社会文明程度与人民群众积极向上的精神风貌，能够使旅游地在世界旅游目的地中的形象、声誉得到改善与提升。

所以，导游服务有着如下两种功能：其一是导游人员向旅游者提供服务，帮助其对旅游产品进行消费，从而最终实现旅游产品所具有的价值，创造出经济效益；其二是导游人员履行传播知识、文化的使命，对游客的精神需要予以满足，帮助游客与目的地人民之间沟通交流，使他们对彼此有更多的了解，增进彼此的友谊，创造出良好的社会效益。

（3）合理而可能的原则

在导游服务过程中，导游员要遵循合理而可能的原则；对问题进行处理时，导游员也要遵循合理而可能的原则，以其为准绳与依据，对旅游者的要求予以满足。此外，在对人际关系进行处理时，导游员也要以该原则为基本原则。

一般说来，旅游者外出旅游时常常会产生求全心理，把旅游活动理想化，因而会在生活和游览活动方面提出许多要求、意见和建议，有时还会对旅游活动的安排横加指责，少数人甚至会挑剔、苛求旅游服务人员。处理旅游者的要求、意见和建议乃至少数人的指责和苛求关系重大，在有的情况下会决定整个旅游服务的成败，导游员绝不能视而不见。

当旅游者向导游人员提出各种要求、意见和建议时，导游员必须认真听、冷静分析、正确处理。如果是合理且可能的，应该努力去想办法实现；如果是合理但是操作起来有相当难度的，即使是苛求，导游员也应向游客做耐心细致的解释工作，力求使旅游者心悦诚服，自愿放弃；如果是遇上了别有用心的旅游者，导游员要提高警惕，必要时严肃提醒旅游者，并及时向有关部门报告。

第二节 导游业发展历程

导游活动是随着人类旅游活动的发展而逐渐发展的。在分析导游接待服务的一系列问题之前，有必要了解我国历史上的导游活动。中国古代旅游活动的发展是很早的，只是在当时的社会、经济条件下，旅游只是少数人比较简单的兴趣活动，与此相适应的导游活动，只不过是少数人的一种兼职行为，并没有形成一种专门的导游职业和以此为业的专业导游队伍。

一、古代导游

（一）中国古代导游的产生

旅游活动的开展需要具备两个条件：一是人们要有外出旅游的需求，二是要有相应的设施与设备，如交通工具、住宿设施、餐饮设备等。与此同时，还需要导游。旅行者到了他乡异域，需要找人引路问津。许多名山大川、历史文物源远流长、宏大精深，远非一般旅行者短期内所能洞悉，也需要当地熟识者予以指导。于是，导游活动就应运而生了。《孟子·离娄下》篇中有"有故而去，则使人导之出疆"[①]之语。古人云"入乡问俗"，即总要向人提问，被问者也就充当了向导的角色，他们可能是当地居民、车夫、樵夫、店小二等。开始时，问者与答者的

---

① （战国）孟子著. 孟子[M]. 哈尔滨：北方文艺出版社，2019.

关系完全出于社会人情关系，并无雇佣或金钱关系，"借问酒家何处有，牧童遥指杏花村"，即邂逅问路。后来，有的旅客要长途旅行或专去风景优美地区游历考察，就寻专人为向导，给些"盘缠"或"酒钱"，不拘多少。这就是古代导游的雏形。这表明，旅客的实际需要是导游产生的根本原因。

中国民间职业导游与业余导游究竟最初出现于何时，尚无从查考，但根据专家们的研究，中国的旅游其发生虽可追溯到原始社会，但真正初具规模的旅游形成于东周。春秋时代是社会大变革时代，国事交往和人际交往频繁，外交往来、游说活动、游历修学、巡幸游猎、政治联姻等活动达到高潮，这些活动有的已具有较明显的旅游色彩，史书记载那时已出现了业余或职业导游。最早充当民间导游角色者，多为车夫、轿夫、马夫、客店堂倌、樵夫、和尚、道士等。河北慈航寺就有"僧出揖客，导游遍寺"的记录，宋姚奎《游石屋记》中也有"命道士为前导，行三四里……"的记述这些人还不是职业导游。

专家们认为，后来古书上出现的"导者"，应当属于专业导游。伴随历史进一步向前推进，在名胜古迹、交通要道、通都大邑等地，有着众多游人，也出现了专门从事导游工作并以此谋生之人。唐朝时期，既有着专业导游，也有着专门印制的导游图，其在当时被称为"地经""图经"。

历代帝王巡幸、出治，每次都有大批陪臣同往，这些人也起着导游作用。春秋战国时期，楚怀王、楚襄王出游时就率领大批人马。宋玉就曾充当过"文学侍从"，沿途为帝王提供回复，陪侍吟诗作乐；秦始皇五次出巡，游遍大江南北，每次都率领大批侍从，有人专司计划巡游路线，有人充当导游讲解，随时回答皇帝问询；汉武帝几次出巡情况也大致如此，司马迁就曾陪同汉武帝封禅，为御驾提供咨询。

历代文人骚客、科学家、探险家、政治家、教育家云游四方，游历、考察、访问，也常常带有"书童""家奴""仆从"等照料其生活，他们每到一地进行访问考察，没有当地居民向导是不可想象的。同时，在古代的旅游活动中，向导者不仅给旅行者引路，讲解沿途风景，指导游览名胜古迹，而且有的还在旅行者遇到困难时挺身而出，予以相助，与旅行者结下友谊而传为佳话。一些科学家、学者开展科学考察所取得的成绩，其中也包含有向导者的一份心血和功劳。如明朝著名地理学家、旅行家徐霞客，对祖国名山大川进行了系统考察，写下了《徐霞客游记》这部不朽的地理学著作。他能取得这样出色的成绩，除了有远大的抱负和坚韧不拔的毅力之外，当地向导者的帮助和指点也功不可没。

伴随历史进一步推进，中国与外界逐渐来往密切，尤其是汉代时期，频繁与西域各国有着文化、贸易以及政治方面的往来，国际旅游也就此诞生。《史记》中的记载表明，汉武帝时期，外国人入境时居住在"蛮夷邸"，这也是专门为其设立的旅馆。此外，还设立了"大鸿胪"这一专门外贸机构。"行人"（出国从事外贸工作的官员）、"译官"（翻译人员）也纷纷诞生。唐朝时期，将"有驾部"设立于兵部，负责对"驿务"进行管理。唐朝时有专人管理各个驿所，负责护送、管理、接待外国使节与过往官吏。长安城中还设有"礼宾院""鸿胪寺"等机构，专门负责对外宾进行接待，将各种生活便利提供给他们，如发给回国路费、资助日常用品、设置翻译人员等。宋元明清历朝，亦大体相同。据元朝西亚旅行家伊本·巴图泰的旅行游记记载：在中国行路最为稳妥便利，虽只身行七月之程，走尽国界，身带重金，途间亦无盗窃之虞。路中各站，皆有逆旅，可以栖宿，有官吏专管之。客有欲前行者，吏遣人护送之。这护送之人可以说是陪同导游的人员了。在古代，国际游客主要是宗教徒和经商贸易者或来往使节，那时没有专门的导游人员，其职责当由"译官"和"舌人"兼顾了。

（二）中国古代导游的发展

随着社会的进步和历史的变迁，交通工具和接待设施也不断完善，旅游活动的空间范围和活动内容日趋扩大和复杂化，中国古代导游在手段、技巧和分工等方面都有了发展。

1. 导游手段的发展

在开展导游活动的过程中，类似旅游指南的图与书在民间出现。虽然它们在何时诞生有待进一步考证，然而依照史书记载，导游图在唐朝时期就已经出现，在当时被称为"图经"。除此之外，还有如《泰山道里记》《黄山领要录》等各种形式的导游书籍。《山海经》等古代文人撰写的地理书，以及旅游文学作品、游记等，也都属于旅游指南书的范畴。

2. 导游技巧的发展

导游技巧包括两方面内容，其一为"让人看"，其二为"让人听"。所谓"让人看"，就是引导旅游者来到风景名胜所在地，让他们尽情欣赏；而所谓"让人听",则需要导游人员进行讲解,让旅游者边看边听,或者单纯听讲解。早期的导游,仅仅是"让人看",随着导游技巧的逐渐发展,导游也能做到"让人听",这在游记中有所体现。例如,《游东林记》中就记载了导僧与游客的一段对话,大意是东林老僧将游客引到亭旁,亭子下面有一座桥,桥下面有洞,勺水暗流,蝙蝠在洞口飞出飞入,不会躲避游人,有一道牌匾写道"长舌溪"。游客问老僧溪水为何叫"长舌溪",老僧说,溪水水流声不曾停歇,就像一名老妇喋喋不休一般,故而得名"长舌溪"。老僧的讲解可谓饶有趣味,其既能做到"让人看",又能做到"让人听",已经属于导游讲解范畴。

除此之外,导游也已经在选择旅游路线方面予以更多重视,下山时选择与上山时不同的路线,就能将景观全貌尽收眼底。

3. 导游分工的发展

随着旅游活动的发展,导游的司职也出现了初步的分工,如前面所说的"陪臣""侍从""仆人""家奴""书童"以及旅客长途旅行时的向导,都起到了全陪的作用。他们陪伴皇室、官宦、主人、旅客离开住地外出巡幸、游乐、考察、访问,为主人制定行动路线、侍奉生活、提供咨询、安排游乐,与全陪的业务基本相同。旅客就地雇用的车夫、马夫、船夫、轿夫、向导以及和尚、道士、"导者"则充当了地陪的角色,就地为旅客担任向导,进行导游讲解,有时尽地主之谊,有时收取报酬。

古代的"译官""舌人""别人""行人"等负责外事工作的官员实际上进行的是国际交往中的接待服务,包括掌握政策、进行谈判、提供翻译、陪同参加礼宾仪式和参观游览等。他们的工作内容属国际旅游导游的范围,不过那时是官方接待,导游也是朝廷命臣。

在导游接待服务的基本内容和程序上,古代已初步形成一套礼制,如《周礼》载:"官以物至,宾如归,是故大小莫不怀爱"[1]。周朝国宾馆不但提出"宾至如归"的接待服务宗旨,还提出了它的具体要求和操作程序,《秩官》一书对此作了描述,它首先要求以礼待人;其次周到服务,主动满足客人的各种需要;再次是分工细腻,各司其职,坚守岗位。《左传·襄公三十一年》中,对客店做到"宾至如归"的标准也有叙述,除要求以礼相迎、热情周到的服务以外,还要求店员

---

[1] (西周)姬旦著;钱玄等注译.周礼[M].长沙:岳麓书社,2001.

与宾客"忧乐同之",使宾客在旅馆里,一无灾害,二不怕强盗,三不会害病。古代旅游的接待服务内容与现代导游接待服务的内容已大致相同。

(三)国外导游的产生与发展

立足现有考古成果,世界各地都普遍存在着原始人群的流动现象。人类自从诞生之后,就想要摆脱周围环境的束缚,将自己的视野进一步拓宽,让自己拥有更大的生存空间与活动范围。所以,人类总是从原居住地离开,向四处移动。有的人认为,这种人类的旅行、迁徙,就属于最原始意义上的旅游活动。实际上,这种人群流动充满被动性、突发性、随意性,因而还不能被归纳为旅游活动。在古代,奴隶社会时期,出现了真正意义上的旅游活动。

在国外,古埃及、古希腊、古罗马最早诞生了旅游活动,这是因为,这些国家有着较高的生产力发展水平,率先向文明社会迈进,社会环境安定、经济基础发达,为古代旅游活动提供了必需的外部条件。

古埃及在公元前3000年左右就已经建立了统一国家,它大规模修建的金字塔和神庙,吸引了统治区域内外的大批朝拜者,出现了世界上最早的大规模非生产性的祭祀旅游活动和拜谒旅游活动。

古希腊是西方文明之源,繁盛的城邦贸易、流通的货币、通行的语言和众多的宗教圣地使其成为古代最发达的旅游活动地区,尤其是奥林匹克运动会等大型节庆活动的举办,更促使世界上最早的群众性旅游活动的出现。

帝国时代的古罗马是古代世界旅游活动最发达的国家之一,它拥有广阔的疆土、强大的武力、稳定的政局、繁荣的商业、发达的交通和多样的文化,这些都极大地促进了古代各种形式的人群流动,如商人流、军队流、官吏流、移民流、奴隶流和僧侣流等。这些人流中,相当一部分成为早期的旅游者。

下面,我们再对古代导游进行整体总结。无论中国还是外国,古代时期都有着丰富多彩的旅游活动,其中平民交友、宗教朝觐、文士漫游、公务行游以及帝王巡游等五种较大的、较规模化的旅游活动,在导游发展过程中起到较为深刻的影响。

所谓帝王巡游,指的是为了对政权进行巩固以及满足个人享乐,古代王朝统治者从国都离开,游历各地,帝王巡游是古代社会旅游活动形式的最高等级。帝王巡游最早的典型代表之一,就是中国历史传说中的"周穆王西游"。自此之后,秦始皇封禅泰山、隋炀帝南下扬州、康熙乾隆数下江南、罗马帝国的执政官恺撒巡游埃及……中外历史上的许多帝王留下了大量的巡游记载。

所谓公务行游，指古代社会的官吏受国家之命出使他国和商人为谋取利益外出经商同时开展的旅游活动。虽然这些旅游活动的主体并非完全是为了旅游目的而离开居住地，但他们在开展公务和商务活动时不可避免地会游历抵达国（地），发生游览行为。古代阿拉伯世界著名旅行家巴图特、中西方交流使者马可·波罗和我国古代著名的外交家张骞、班超及郑和等人的经历都属于这一类旅游活动。

所谓文士漫游，指的是在古代，文人对山川城市、风景名胜进行游览。文人文化修养较高，擅长对事物进行分析与观察，习惯用文字对所见所思进行记录，因而在古代旅游活动中，文士漫游有着最丰富的成果，如阿拉伯旅行家巴图特的《亚洲非洲旅行记》、古希腊历史学家希罗多德的《历史》、徐霞客的《徐霞客游记》、李时珍的《本草纲目》、司马迁的《史记》和众多古代山水游记等。

所谓宗教朝觐，指的是宗教信徒遵照教规开展的旅行活动以及取经传法活动。之所以当今世界三大宗教以及其他部分区域性宗教能够发展为如今的规模，其中一个重要原因就是历史上频繁进行的宗教朝觐活动。宗教朝觐活动的代表人物包括宋代的丘处机、唐代的鉴真和玄奘、晋代的法显等。时至今日，依然存在着兴盛的宗教朝觐活动，在当今旅游活动中，其仍是非常重要的组成部分。

所谓平民郊游，指的是在特定时间，古代民众在居住地附近进行的短距离旅游活动。平民郊游活动一般来说都富含特定的民俗文化内涵，在长时间的历史发展、演变过程中，逐渐形成今天的一些特色民俗活动，如重阳节登高郊游、端午节赛龙舟、清明节扫墓与踏青、元宵节赏花灯等。

二、近代导游

（一）近代旅游业与职业化导游服务

18世纪60年代后，西方国家（以英国为典型代表）开启工业革命。在西方各国生产力不断发展的基础上，旅游业也出现了本质变化，"近代旅游业的诞生"为其最突出的标志。

英国人托马斯·库克（Thomas Cook）在 1841 年 7 月 15 日，对一列火车进行包租，将 570 人运送到拉夫巴勒，参加禁酒大会。这些人向托马斯·库克支付了一先令的往返票价。这就是第一次商业性旅游活动，得到世界公认，同时它是近代旅游活动开始的标志。在这次活动中，托马斯·库克全程在旅游者身边陪伴，为其对各项活动进行安排，包括用餐与交通，其服务已呈现出现代导游服务的各种主要特征，所以人们也将托马斯·库克提供的服务视为第一次正式的、商业性的职业化导游服务，具有现代意义。

托马斯·库克于 1845 年创办了托马斯·库克旅行社，也就是通济隆旅游公司，这是世界上第一家旅行社；1845 年 8 月 4 日，库克组织了 350 人的消遣旅游团游览利物浦，为期一周，这是世界旅行代理业务的真正开端；1855 年，库克组织了由莱斯特前往法国巴黎的国际旅游，开团队出境包价旅游之先河；1872 年，托马斯·库克旅行社发售了世界上最早的旅行支票。与此同时，法国、美国、德国、比利时、荷兰和日本等国也相继出现了近代旅游企业。在库克父子等人的努力下，近代旅游业蓬蓬勃勃地发展了起来。

近代旅游业的产生有着深刻的历史背景，是近代西方社会生产和生活领域剧烈变革的产物。

从 17 世纪中叶开始，资本主义制度逐步在西方国家得到确定，随即爆发了以资本主义机器大生产代替封建工厂手工业的产业革命。产业革命对近代旅游活动和旅游业的影响主要表现在四个方面：

第一，产业革命扩大了旅游者的来源。过去，有能力去旅游的人仅限于大土地所有者和封建贵族阶层。产业革命带动经济飞跃，社会上越来越多的平民有了相对富足的生活条件。工厂里创造的大量财富流向新生的资产阶级，出卖劳动力的工人阶级相比封建社会的农民（农奴）阶级有了较多的收入和人身自由，他们都具备了旅游消费的基础。此外，伴随着生产效率的提高，资本家和产业工人也有了相当多的闲暇时间。旅游学的研究表明，一定的可自由支配收入和闲暇时间是产生旅游者最重要的客观先决条件，产业革命恰恰在这两方面促成了新的旅游者的产生。

第二，产业革命增加了旅游的需求。根据心理学的研究，旅游属于人类较高层次的需求，是在生理、安全等低层次需求得到满足之后才产生的高层次需求。

在产业革命之前，大多数社会成员的低层次需求尚未得到满足，对旅游的迫切感不强。产业革命改变了绝大多数城市平民和乡村农民的工作性质，加速了城市化的进程。高速度、快节奏、单一化和强压力的工厂劳动与城市生活令人们不堪重负，迫切需求远离城市环境，回归到大自然中去寻求放松。人们旅游需求的增加为满足旅游需求的旅游业发展提供了机遇。

第三，产业革命拓宽了旅游资源的内容。产业革命迅速增强了西方资本主义国家的国力，对劳动力和生产资源的需求迫使他们纷纷开展海外探险和殖民活动。通过许许多多探险家们的努力，人们的视野极大地开阔，对旅游资源的认识日益加深，兴趣日益浓厚，小亚细亚、非洲腹地、印度、远东、南洋、南美安第斯山区、澳洲甚至西非撒哈拉沙漠等地都成为旅游者向往的目的地。旅游活动是由主体（旅游者）、客体（旅游资源）和媒体（旅游业）共同构成的，当旅游者和旅游资源都具备的时候，沟通二者的旅游业也就顺理成章地产生了。

第四，产业革命推动了交通的进步。虽然旅游者有了广阔的旅游空间，但如果还是使用原始的人力或畜力交通工具，旅游的成本仍然过高。产业革命也是一场技术革命，大量科学成果被广泛应用于交通改造之中，导致蒸汽轮船、火车、汽车、飞艇和飞机的发明。这些现代化的交通工具极大地提高了人类的活动能力，使旅游者在短时间内跨越长距离成为可能。

由于以上影响，产业革命成为近代旅游业的催化剂，也间接促成了职业化导游服务的产生。

（二）职业化导游服务的产生原因

虽然在宏观的社会历史背景下，商业性的职业化导游服务属于一种偶然发生的现象，不过，其也是旅游活动不断发展的必然结果。

旅游者对导游服务有所需求。"异地性"是旅游活动的一个重要特点，这也代表着，旅游者会从自己习惯的环境中离开，来到另外一个陌生的地方，这里的一切既新鲜，又不为自己所熟知。由于所处环境发生改变，旅游者也会产生不同的需求。从生活方面看，旅游者需要将一套与新生活环境相适应的生活方式建立起来；从心理角度看，旅游者需要对心理中自我保护感的束缚加以挣脱；从求知角度看，旅游者要在短暂的旅游期间，对陌生环境的信息尽可能多地进行掌握；从审美角度看，旅游者需要对自己固有的审美眼光进行调整。一般人、一般机构，难以对旅游者上述需求充分满足，而导游员接受过专业训练，清楚地了解应当怎样满足旅游者需求、怎样为其进行旅游服务，从而让旅游者快速适应旅游目的国（地）的环境，在旅途中得到更多收获，拥有最强烈满足感。

旅游经营者需要导游服务。导游服务随着旅游业的诞生而逐渐形成，也随着旅游业的发展而日益壮大。导游服务使旅游者在旅游时可获得更多的享受和快乐，为旅游活动增添了无法替代的魅力因素，因而它也在另一个方面极大地推动了旅游业的进一步发展。众所周知，旅游经营者提供的旅游产品是一种综合性服务产品，是一种预售服务产品。

出于保证产品得以实现消费的目的，旅游企业需要专门人员对旅游者进行引导，将各项预定导游服务逐步落实，也就是依靠导游服务对销售目的进行逐步实现。当今世界，旅游业存在异常激烈的竞争。旅游经营者在激烈的市场竞争中是胜是败，关键就在于旅游人才是优是劣。想要对自身信誉、竞争力进行保持并逐渐提升，有一个办法最为行之有效，那就是对旅游工作者（特别是导游员）的主观能动性进行充分的发挥，将更高质量的旅游服务提供给旅游者，从而让旅游者成为"回头客"，同时也吸引潜在的隐性旅游客源。旅游企业在旅游市场激烈的竞争下，必须向旅游者提供高质量的导游服务。

（三）托马斯·库克的影响

在职业化导游服务的产生过程中，世界上第一位专职旅行商托马斯·库克的作用不容小觑，他既是世界近代旅游业的开山鼻祖，也是职业化导游服务的创立者之一。

托马斯·库克是世界上第一名职业导游员。无论是在1841年的第一次近代旅游活动中，还是在1845年的第一次旅行代理业务中，抑或是在托马斯·库克旅行社组织的许多次其他旅游活动中，托马斯·库克都是以组织者（经营者）和陪同者的双重身份带领旅游团开展旅行和游览活动。在每次旅游期间，他都要亲自为游客安排食、宿、行、游等活动，有时还要向游客介绍有关知识。这些事实说明，他本人已经成为世界上第一名职业导游员。

托马斯·库克创立了领队、全陪、地陪和定点导游员的导游分工体系。当托马斯·库克旅行社的业务越来越多时，仅凭库克父子之力已经难以做到每团必随了。出于经营的需要，托马斯·库克雇用了一些员工陪同旅游团出行，在这些专职导游员中，托马斯·库克进行了业务范围的划分：指派国际领队专门负责陪同英格兰旅游团前往苏格兰、法国、美国等境外地区；指派导游员专门负责陪同英格兰旅游团前往伦敦、利物浦、曼彻斯特、莱斯特等境内城市；雇用苏格兰、法国、美国等国家（地区）的当地居民专门负责接待来自英格兰的旅游团。这种分类方法逐渐演化成了现今的导游业务范围分类，即领队、全陪、地陪和定点导游员的导游分工体系。这种分工体系具有极强的针对性和实用性，被世界各国旅游界广泛采用。

托马斯·库克编写了世界上最早的旅游指南。托马斯·库克在1845年组织的利物浦旅游活动中，亲自编写和出版了《利物浦之行手册》，发给旅游者作为旅行参考资料，1846年，托马斯·库克又在组织苏格兰旅游活动中编写出版了《苏格兰之行手册》，这两本书为旅游团成员提供了关于旅游目的地非常详尽的资料，包括风景描述、服务项目、交通时刻、地方特产、注意事项和游览地图等。这是世界上最早的物化导游——旅游指南，自此，人员导游和物化导游这两大导游服务类型正式成形。

托马斯·库克正式将导游服务纳入包价旅游产品之中。在托马斯·库克提供的旅游产品目录中，在住宿服务、交通服务、游览服务、餐饮服务之外，首次出现了导游服务。参加托马斯·库克旅行社组织的旅游团的游客们，必须为陪同他们旅游的导游员向旅行社缴纳服务费，并要向服务合格的导游员直接支付小费。这是导游服务具有经济意义的体现，是导游服务独立化的重要标志。这说明，导游服务已经作为独立的旅游服务项目被旅行社纳入包价旅游产品之中。

三、现代导游

第二次世界大战后，特别是20世纪60年代以来，社会化大众旅游活动在全世界范围内迅速升温，旅游业进入现代旅游时期，或称为大众化旅游时期。

（一）现代旅游迅速发展的原因

旅游需求与旅游供给是现代旅游活动的两个侧面，两者相互依赖、彼此促进、共同发展。现代旅游之所以产生飞跃，与这两方面的快速发展有着极为密切的关系。

"二战"后社会环境的改善刺激了旅游需求的上升。二战以后，世界政局相对稳定，各国普遍集中精力于经济建设，国民收入增长极快。

伴随不断降低的生活支出同比，人们的消费水平则呈上升状态，并开辟了新的消费渠道——旅游。与此同时，世界人口的剧增、城市化进程的加快、国民受教育水平的提高、带薪假期制度的推广和社会消费由物质向精神领域的转变都大大刺激了人们的旅游需求，使人们不断将目光投向大自然、异域海外和偏远地区，旅游成为人们生活中必不可少的休闲方式。

政府和旅游企业的努力保证了旅游服务的供给。随着战后世界经济的复苏和国际贸易的繁荣，各国政府普遍认识到旅游业在国民经济和社会生活中的重要性。在经济效益方面，旅游业可以为国家创造外汇、回笼货币、扩大就业、增加税收和拉动投资；在社会效益方面，旅游业有助于传播文化、保护古迹、增进友谊和提高国民素质等。因此，世界许多国家政府开始将旅游业纳入国家经济产业规划之中，进行整体宏观调控，甚至将旅游业置于国民经济支柱的地位，如西班牙、墨西哥、泰国、香港和夏威夷等国家（地区）。许多旅游业发达国家（地区）的政府都将大量的人力、物力和财力投入到基础设施建设、旅游产品开发与宣传促销工作中，力求扩大旅游供给。

在旅游供给中起主导作用的是旅游企业。战后，旅游企业大量涌现，他们积极改进管理体制，竞相培养人才，并将最新的科学技术成果应用于旅游企业经营之中，取得了显著效果，如旅游交通企业中的超高速列车和超音速客机、旅游饭店中的计算机预订系统（Computer Reservation System）和饭店管理系统（Property Management System）、旅行社中的传真预订惯例和开账结算计划（Bank Settlement Plan）等。这些现代化的经营与管理手段，有力地促进了旅游企业产品质量的提高，确保旅游企业提供适应旅游者需求的旅游产品。

（二）中国现代导游的特征

随着社会经济、政治、文化的发展，旅游活动作为人类物质文明、文化生活不可缺少的组成部分，已为越来越多的人所接受。旅游作为日益发展的群众性活动，已为越来越多的人所注意，以致不少发达国家都把它列为发展本国经济和社会福利的一项重要事业。在这种背景下，独立的、兴旺的旅游服务行业终于在十九世纪四十年代初地球上众多的经济行业之列中出现。与此同时，导游活动也与变化了的客观实践相适应，具有了新的时代特点。从中华人民共和国成立以后，旅游业的发展经历了从官方接待到商业活动两个阶段。

改革开放之前，主要是"官方接待"。这时旅游业并不以营利为目的，仅仅是对官方的政治任务进行完成。当时，导游接待服务同样属于政治任务，导游人员则属于国家干部，由政府分配，负责导游接待服务工作，被称为"四大员"，即翻译员、讲解员、宣传员、保卫员。十年动乱时代，这种政治接待也中断了。随着我国经济转入现代化建设时期，实行对外开放的方针政策，旅游业开始重新建立，并有了新的特点，即主要作为经济事业进行经营管理，把旅游作为一种商品在市场上销售，并从中获取盈利和赚取外汇。1983年，我国参加了世界旅游组织，并跻身于国际旅游市场，从旅游设施建设、旅游资源开发、旅游人才培养、提高服务水平到对外宣传促销都面临新的挑战。随着中国旅游事业的发展，一支不断扩大的导游队伍也随之产生。这是一支有时代特点的导游队伍，这些特点既有中国的时代背景，也有世界的时代背景。

1. 导游的职业化

由于旅游业的不断发展、旅游人数的大量增加、旅游区域的不断扩大、旅游服务项目的日益复杂和旅游设施的现代化，旅游的社会影响日益加深，只靠少数兼职或业余导游人员，已无法满足市场实际需要，于是相应的逐步出现了一支有一定数量、受过专业训练、以导游工作为职业的行业队伍。为此，国家也先后在大专院校设立了有关的专业和培训中心，并对之进行专业教育培训，目前中国已有五万名左右持照导游人员。此外，职业化这一概念也对导游人员提出了严格要求，即讲究职业道德、熟悉有关知识、谙熟操作技术。

2. 服务的商品化

旅游业作为一项产业，生产和销售旅游商品，为旅游业创造经济效益和盈利，相适应的导游服务也必然商品化，按劳收取劳务费用。劳务费的高低受商品经济规律的支配，按照市场供求关系而上下浮动。导游服务商品化这一特征也要求导游人员重视商品质量，讲求服务质量，以质量来赢得信誉，否则导游人员在市场竞争中将被淘汰。

3. 知识的现代化

现代旅游业的发展在多方面显示出复杂性。旅游者来自世界四面八方，由不同国籍、不同民族、不同宗教信仰的人所组成；旅游者需求日益多元化，观光、度假、疗养、会议、公务、访友等各种类型的旅游千差万别；旅游服务的服务项目也日趋完备和完善；旅游业的经营管理也更为繁复和精细化。旅游业的复杂化，促使旅游服务复杂化，从而导致导游服务知识的现代化和多样化。导游者不仅要了解本国的文明史实，还必须具有广博的现代科学文化知识。

4. 手段的多样化

现代旅游业的国际竞争日益激烈，服务质量的要求不断提高，促使导游的工作手段呈现多样化趋势。除导游工作者运用的传统各语种语言口语手段外，图文印刷类制品、声像电子类产品也应运而生。导游工作者不仅要带领旅游者边看边讲，还要运用图片、说明、导游图、导游手册等印刷品以及电影、电视、录音、录像等音像设备，进行立体综合的导游服务。这些"物化"的手段不仅为旅游者提供了及时丰富的旅游信息，同时也为导游的服务提供了先进科学的工具。

5. 职责的双重化

现代导游虽有职业化和商品化特征，但其职责岗位却有双重的属性。一方面，导游人员受雇于旅行社或其他使用单位，应接受雇用单位的管理，执行雇用单位的任务，为雇用单位谋取利益，获取相应的报酬，这是岗位的业务职责；另一方面，导游人员又是一个国家的公民，必须履行国家公民的责任，依据宪法和国家其他法律，为国家服务，热爱祖国，维护国家的声誉，这是导游人员出于公民意识而肩负的职责。导游人员的双重职责决定了导游工作不仅是个人职业，而且代表着国家，导游人员是非官方的大使。

上述五个特征，并没有完全地表述现代导游的各方面特征，但足以说明现代导游服务在数量和质量的要求上，已达到一个新的水平，与古代导游已无法同日而语。正因为这样，培训专业导游人员这一点，已经成为现代社会中职业教育的一个重要方面。

第三节　导游业发展现状

一、导游业现状

（一）导游业服务质量低

1. 导游人员的学历偏低

研究表明，导游队伍中，取得中专、中职、高中学历的导游人员占比为41.7%，取得大专学历的导游人员占比为39.4%，取得本科以上学历的导游人员占比为18.9%。虽然相较于中文导游员，外语类导游人员学历较高，然而大专及以下学历人员仍占比52%。

2. 导游人员等级偏低

研究表明，拥有初级导游员证书、导游资格证书的导游人员，在导游队伍中占比为96.3%；中级、高级、特级导游员在导游队伍中占比3.7%。导游队伍如果以低等级导游人员为主，就很容易导致低等级人才供过于求，竞争激烈，而高等级人才供不应求，这对导游市场的秩序以及导游的收入都会产生严重影响。

3. 掌握小语种的导游比例小

研究表明，立足语种结构角度，外语类与中文类导游人员比例为1:5。而在外语类导游人员中，掌握某些语种的导游人员与我国入境旅游者数量出现比例失衡问题，例如，外语导游人员中有较少人能够使用意大利语、泰语、韩语等语言，然而在我国入境旅游的意大利游客、泰国游客、韩国游客很多。为此，部分旅行社只能勉强为这些游客配备英语导游，可是很多游客无法听懂英语介绍，导致出现很多抱怨与投诉情况。

（二）兼职导游比例大

当前，旅行社主要聘任的为兼职导游人员，聘任的专职导游人数日渐减少。由于兼职导游是临时聘请性质，所以相较于对专职导游而言，旅行社对兼职导游没有很大力度的约束。而在旅游接待工作中，兼职导游也鲜有人考虑到对旅行社声誉进行维护等问题，时而出现违规操作现象，由此导致的旅游投诉也较多。

（三）导游地位不高

1. 薪酬不高

众所周知，旅游业有着淡旺季，淡季与旺季存在明显差异，所以平日里旅行社只会聘请很少的专职导游，而当旺季来临的时候，再对大量兼职导游进行聘用，因此旅行社中很大一部分导游人员属于"三无人员"，即既没有基本工资，也没有福利待遇，更没有明确的劳动报酬保障。

2. 不受游客尊重

与其他服务一样，导游服务由于工作性质，在对旅游者进行旅游服务时，所处地位相对较低，大部分导游都遇到过不讲道理的游客。也有一些游客因为旅游地不完善的硬件设施、软件设施未能满足其较高的旅游期望值而产生失望情绪，又将这种失望情绪变为对旅游从业人员的强烈抵触情绪。

3. 维护导游权益的声音小

虽然现如今人们逐渐增强了自身的维权意识，不过日益关注的是对旅游者权益的维护，而很少有人关注导游人员权利的维护。我们常常会看到媒体曝光旅行社、导游的镜头与报道，然而那些游客无理地对待导游的事件却鲜少得到媒体关注。

二、导游队伍的现状

（一）导游门槛与市场要求不符

当前，旅游业从业人员素质难以满足旅游发展需要，是对旅游业发展产生制约的重大瓶颈之一。尽管现在旅游业中有很多人取得了导游证，然而仍然存在"人才荒"。现如今，各种崭新旅游形式，如"休闲游""自驾游""探险游"不断兴起，导游的工作内容也逐渐被细化。相较于传统的观光旅游，新时期导游需要为旅游者提供更多新服务，需要不断创新自己的工作方式、工作内容、工作举措，这也对导游自身素质提出要求。导游员不仅要具有强大的组织能力、出众的口才以及广泛的知识涉猎，更要拥有相关专业知识，对一定的"职业群"进行培养。然而，现行《导游人员管理条例》所设置的导游准入门槛要求较低，远不及现实中旅游市场对导游提出的高要求。

(二)导游证考试有局限性

如前所述,在我国,导游需要"持证上岗",也就是说想要成为一名旅游业从业人员,必须在全国导游人员资格证考试中获得合格成绩。各省级旅游行政主管部门在本省范围内对全国导游人员资格证考试进行组织实施,参加考试的人员需要通过两门科目,其一为现场模拟导游(口试),其二为导游知识(笔试)。长期以来,公众对导游行业十分关注,然而却鲜有人对导游资格证考试予以关注。尽管导游证考试不断进行改革,然而依然具有"填鸭式"背书考试模式的特点,导致自身流于形式,没办法达成对优秀人才进行筛选的目的。

(三)导游的流失率高

由于旅游业存在淡季旺季之分。为了对用工成本进行节省,当前国内旅行社越来越少地聘用专职导游,这就导致了持证导游不得已进入兼职导游队伍中。前文中我们已经介绍过,兼职导游仅仅是旅行社临时聘任的工作人员,没有最低保障、没有三险福利、也没有基本工资,其收入仅仅来源于旅行社支付的日出团补贴,以及部分回扣佣金。从其工作性质看,兼职导游就像劳务市场中的临时工一样,有工作任务就去工作,按日结算工资。因此,兼职导游的日益增多和专职导游的不断减少,使得导游职业出现非常严重的不稳定性,渐渐地,大批导游不再从事导游服务,而是选择转岗甚至转行。导游人员的低服务周期与高流失率,使得导游队伍难以提升自身技能水平,初入者成为导游行业的主力军。即便是坚持留在导游岗位上的人,也并未有着理想的生存状态。旅行社之间存在诸多恶性竞争,致使旅游市场存在许多乱象。例如,在很多地方,导游人员需要向旅行社买团,才能得到带团机会。再如,旅行社想要旱涝保收,压力就转移到导游人员身上,他们必须对游客使出浑身解数,甚至对其威逼利诱,让他们到指定购物点进行购物,从而进一步激化了彼此之间的矛盾。同时,在媒体对一些个例的放大、扩散下,社会对于导游人员的认可度也不断下降,使得导游职业出现信任危机,且十分严重。

(四)导游服务水平不高

近年来,在公众与旅游者心中,导游整体形象较差,这主要是导游缺乏较高服务水平导致的。例如,部分导游缺乏服务意识,有着较低的业务水平;部分导游对旅游者进行诱导甚至强迫，要求其参加价格昂贵、质量低劣的自费项目，对行程计划擅自变更，只为了从景点、购物点获取"回扣"。此外，还有部分导游向旅游者索取小费，如果旅游者不给导游小费，或者给的小费数目达不到导游要求，导游就不给旅游者提供本应提供的服务。这些对游客利益严重损害的情况时不时便会发生。

（五）导游国际化程度低

伴随旅游业国际化市场的形成、发展，中国渐渐成为"国际化旅游客源地"以及"世界旅游目的地"。为满足国际化旅游市场发展需求，在对旅游事业进行发展过程中，我们要将对复合型、高素质导游的培养作为一项重要目标，为实现国际化旅游城市建设目标注入助推动力。立足当前国际旅游市场建设实际来看，我国导游人员缺乏相关职业能力，他们有着突出的专业技能，却欠缺涉外公共服务能力以及专业外语能力。在我国导游队伍中，急缺能够熟练掌握外语的复合型导游人才。

对导游员的职业能力进行培养，可谓是一项系统工程。在这项系统工程内，有三大构成要素，分别为职业技能、职业知识以及职业品质。国际化导游人才主要有以下工作任务：处理突发事件、与旅行社沟通与练习、为境内外旅行提供生活服务、接团送团服务、导游讲解服务以及出入境服务等。想要将上述工作任务圆满完成，就需要导游人员具有以下核心能力：处理突发事件能力、跨文化交际能力、协调安排能力、管理旅游团队能力、掌握出入境旅游业务流程能力、人际沟通能力、导游讲解能力、中英文语言表达能力等。所以，我们需要对上述核心能力予以关注，以此为切入点，培养一批国际化的导游人才。

三、导游管理现状

我国的导游队伍目前大约有 5 万人，其中从事国际旅游接待的近 3 万人。这支导游队伍从总体上来看，具有一定的文化素质，有较强的工作热情，在导游这个工作难度很大的岗位上，周而复始地接待着来自世界各地的旅游者以及国内的旅游者，为旅游业的发展做出了贡献。从现状来看，这支导游队伍大体上是第三代人。第一代是六七十年代投身于旅游这一职业的，这批队伍政治和业务素质较强，已经成为各旅行社的骨干。第二代是八十年代进入旅行社的，这一代队伍头脑灵活，体力充沛，业务素质较强，他们的成长过程正是从计划经济向市场经济转变的过程，因此他们思想目标各异，有较强的变革要求，这一代人是目前导游队伍的主体。第三代人是九十年代以来进入旅行社及旅游行业的，这一代人年轻能干，对市场经济比较适应，价值观念也不同，这一代人的行为方式关系到今后旅游业的主导地位。

我国现行的导游管理体制是从五十年代延伸而形成的，与世界各国的模式相比，与导游队伍的现状相比，与旅游业的发展需要相比，都有很大的不适应。随着八十年代旅游业的快速发展，我国对导游管理体制进行了若干方面的改革，但其基本结构没有改变。现行体制具有几个明显的特征：（1）导游均归旅行社管理，未实行社会化专业管理；（2）导游是国家干部，实行国家干部的管理方式，而旅行社是商品销售及服务的中间人，导游是自由职业者；（3）实行了导游国家考试，但社会公众参与考试与获取上团机会均须经由旅行社准许；（4）未形成导游的分等定级制度。八十年代导游管理体制的最主要改革是推行了导游的国家考试。九十年代初，由于旅行社经营的内外部环境的变化，一些旅行社自发进行了某些局部的改革，旅游行政管理部门也注意了这方面的引导，但从总体上来看，未迈出实质性的步伐，相应改革在全国范围内也未形成气候。

第四节 导游业发展趋势

一、产业融合背景下导游业的发展

服务业不仅整合了内部的各行业，还与农业和制造业相结合。在第三产业中，服务业的附加值作用非常明显，且造就了高知识密度、高投入、跨行业、高收益的现代服务业。在这股浪潮的推动下，新的旅游业态如会展旅游、工业旅游、农业观光旅游、房地产旅游、教育旅游等不断涌现，新兴产业的功能也逐渐显现出来。比如，旅游景点不仅仅是旅游地还是影视文化基地，养老模式在旅游框架产业的帮助下得到升级，新兴企业的组织结构也得到升级和演变。有迹象表明，旅游业正在悄悄渗透到其他行业，它与其他行业在各个层面上相联系，并刺激了行业边缘地带各种新的旅游产品和旅游服务方式的出现。从旅游产业融合的范式角度来看旅游产业的发展空间，可以看出导游业的要求在不断升高，出现了一股新的趋势，即导游应当具备综合战略眼光、跨行业驾驭能力，应当是多业务水平的人才。因此，产业动态唤醒了旅游教育体系的调整和改变，一方面培养为产业提供基础服务的技能型人才，另一方面要培养创新型人才。

二、全球化旅游背景下导游业的发展

21世纪是经济全球化和知识化的一个时代，在旅游营销中发挥关键作用的将是知识、智慧和能力，在这样的大背景下，旅游市场和旅游营销呈现出全新的特点。当前，旅游业的大众化、国际化程度不断加深，旅游者有着越来越高、越来越多的消费需求，因此，旅游业对高科技旅游产品等知识密集型旅游产品的需求不断增加。在旅游全球化的大背景下，在不断增长的旅游需求下，旅行社的竞争越来越激烈，导游是旅行社中重要的组成部分，企业的发展离不开导游。因此，一线导游可以从建立良好的客户关系做起。

（1）导游要尽力做好每一项服务，树立良好的口碑和形象，建立和巩固忠诚的客户群体。一个忠诚的顾客可以给企业带来一批又一批的顾客，研究表明，前20%的客户可以带来80%的收入。

（2）加强导游人员的道德素质、服务意识、综合素质。导游和旅游公司的员工一方面要注意自身的仪容仪表、行为举止、谈吐等，力求在实际工作中给客户留下好印象、好的形象；另一方面要做到信守承诺，提供良好的服务，让游客有宾至如归的感觉，让旅游者安心、满意。

（3）要重视和加强对旅游从业人员的法律培训。各级导游证考试中，要加强对法律知识的考试，督促导游人员自觉学习法律知识，增强法律意识。

三、体验旅游背景下导游业的发展

随着人们不断提高的物质文化生活水平，旅游消费心理也不断发展成熟，再经过多年的"黄金周"的培育后，我国旅游业的消费模式发生了改变，从较低层次的"观光旅游"向更高层次的"体验旅游"消费模式转变。"体验旅游"的特征是情景化、体验化、并且融合高品位的吃、行、住、游、购一体化的消费模式。

随着体验经济规模不断扩大，体验旅游随之产生，它是一种新型的旅游产品和服务方式，其本质是"以人为本"，其最大的特征是注重旅游者的体验效能，其终极的目标是追求亲切感、快乐感、自我价值。因此，"体验旅游"可以让游客在旅游的过程中真正地体会到旅游的乐趣，提高自身的参与度和体验度。近些年，人们的生活水平不断提高，随之旅游观念也不断更新和提高，越来越多的人将旅游看作是旅游心情的分享，看作是一种自我价值的体现和一种生活方式的体验。体验旅游强调游客参与和体验旅游地的文化、生活、历史，是现代旅游最有潜力的一部分。

体验旅游已经成为体验经济时代旅游消费的必然需求和选择，这一旅游方式的转变必然深深地影响着导游行业，其中最直接的反映是对导游的要求不断提高。体验旅游对导游的具体要求如下：

（一）提升文化素养

从景区的角度看，体验旅游是对观光旅游进行的更深层次挖掘和更广泛拓展；从游客的角度看，消费心态的日益成熟、游客文化品位的不断提升，促进了"体验旅游"的快速发展。导游要让旅游者在体验旅游阶段美在其中、乐在其中、轻松在其中、感悟在其中。因此，导游首先要深入思考景区的需要、景区能够传达给游客的体验，揣摩不同游客的审美特征、消费观念、心理习惯甚至身体素质，为旅游者"量身定做"。"体验旅游"强调高素质的导游，只有这样的导游才能让游客对于景区的文化内涵有深刻的理解，让旅游"体验"更深。

（二）提升导游观赏质量

在传统的观光旅游中游客依旧采用"眼睛旅游"的方式；在体验旅游的阶段，旅游者有购买个性化旅游产品和追求高品质旅游体验的需求。游客希望可以通过导游的讲解，深入了解和感受旅游区的人文、环境和历史习俗，从而加深对景区的印象，提高自身的旅游体验水平。有相关的学者曾经说"一流的导游应该是博士水平"，但当前国内大部分导游只能以单调的方式重复同样的导游词，对旅游目的地风土人情和文化渊源有深入了解和感悟的高素质导游寥寥无几，这也就导致了游客没有很深的体验感，也没有难忘的旅游经历。不管是从景区的角度出发还是从游客的角度出发，导游都应该在对景区特色进行深入了解和发掘的基础上，在旅游过程中将景区的优势和特色进行渗入和讲解，做到完美与极致。而此时，培养专业导游，如专业红色导游、专业宗教导游等的时机已经成熟。专业化的知识可以保证导游对旅游景点和旅游资源有深层次的理解和感悟，甚至会有创新性的见解和观点，这样可以给游客留下深刻的旅游体验，打破传统的导游什么都讲解但什么都不深入的现状。

（三）提升自身素质以及学科能力

第一，导游要加强学习文化知识。导游要有广泛的基础知识，特别是历史、政治、经济、国情、民风民俗、地理、风土人情等方面的知识储备，并且需要及时更新和补充。

第二，导游要坚定意志力。自我意识强的、自主性强的导游往往具有较强的主动服务游客的意识，能够不断提高业务能力和水平，积极克服工作中遇到的困难。面对各种复杂的问题时，做事果断的导游能全面而深刻地考虑行动的目的和达到目的的途径和方法，明确决定的重要性，对可能产生的结果有清楚的了解，并能及时、正确地处理各种问题。意志坚强的导游，可以排除不符合目的的主客观诱因，面对这些因素的干扰不为所动，同时，对于既定的目标坚持不懈。一个有自制力的导游，能对自己的负面情绪进行口语克制，可以避免发生冲动行为，面对刁难的游客也能够坚守底线，对自身的行为进行克制和调节，做到有礼有节。

第三，导游要对于自己的情绪进行适时调节。导游的情绪状态会在旅游中通过导游自身的表情和语气等影响游客，使游客的体验下降，因此，导游要及时地调整自身的情绪状态。当前导游发展的现状，对于新生代的导游来说有利有弊，挑战也就意味着机遇，挑战与机遇并存。导游只有合理利用知识和文化、借助信息技术，才能在不久的将来成为一名合格的、优秀的导游。

四、文化型导游背景下导游业的发展

文化型导游的出现，一是标志着中国导游业发展到成熟阶段；二是反映了世界旅游业的发展趋势进入到"文化旅游时期"；三是反映了来华旅游者了解中国的需要；四是中国旅游市场发展需求的反映；五是反映了中国旅游业提升文化品位、提高服务质量、传播中国文化的需求。

（一）迎合了文化旅游新时期的需要

世界近现代旅游业大致有三个时期：一是19世纪40年代的"放松休闲"时期；二是"二战"后的"休闲观光旅游"时期；三是20世纪80年代以来的"文化旅游时期"。20世纪80年代后，世界旅游业伴随人类文化追求的巨大浪潮，渐渐转变为新型文化旅游，其目标转向以文化和精神享受为主。"人们再也不会简单地把旅游和度假看作是一种消磨时间的娱乐形式了，而是把它当作锻炼身体、丰富精神生活和增加知识的途径"（《世界旅游》杂志语）。在这一时期旅游活动的特点鲜明，旅游者的动机从注重物质上的满足和享受转向注重文化享受和精神享受，追求在信息和知识上的教益。

这一时期的口号是"从旅游中受到教益"。文化旅游一是促进了人类之间的交流和世界不同文化的交流；二是带动了世界旅游经济的发展；三是积极促进着旅游业的"吃、住、行、游、购、娱"等要素的产生。比如，开发旅游资源时要加强文化的开发，深入挖掘旅游资源中的文化内涵，不断提高景区文化建设的品位和内涵。这也要求导游具有较强的文化意识和服务理念，具备丰富的文化内涵与文化知识，并能有效地、合理地运用知识，将知识贯穿于导游服务的全过程之中。文化型导游是适应新时代文化旅游的需要。

（二）符合游客了解中国的需要

早期的海外游客来中国旅游主要是为了"看热闹"，如今的游客来中国主要是"看门道"。中国有着五千多年的悠久文明史和深厚的历史文化遗产，这些都深深地吸引着外国游客。外国人来中国旅游的动机虽然各有不相同，但都有一个共同的特点：强烈的求知欲，对于中国的传统和实际变化都想要了解。这些旅游者对中国、中国人民和中国文化有着浓厚的兴趣，他们希望了解中国人的日常生活，了解中国的社会制度以及中国的文化、宗教信仰、佛教、道教、儒教、太极拳、中医等等。总之，中国文化所具有的神秘性和强烈的差异性不断地吸引着国际游客来中国旅游。在这样的情况下，作为导游，要为游客提供相关的文化服务，满足他们的旅游需求，带他们了解中国文化。文化型导游就满足了这一市场需求。

（三）适应了旅游市场竞争的需求

世界旅游业竞争最激烈的区域是东亚太平洋地区。与此同时，到中国旅游的游客只占世界出境游客的一小部分，虽然近年来比例逐渐增加，但来中国的游客仍面临着来自东南亚国家和地区的激烈竞争。各个国家以各种方式参与到竞争中，对日本、欧洲和美国等主要客源市场展开竞争。各个国家其竞争的核心手段之一是利用"拉式"战略，深入挖掘具有鲜明特色的文化差异旅游文化资源，在旅游资源开发中开发各种具有民族特色、民族节日、风俗人情等文化特色的旅游项目，以此吸引游客。导游在这个过程中担当文化大使的角色，也是目的地和游客之间进行沟通与理解的纽带和桥梁。培养文化型导游人才，一方面有利于提高旅游企业的竞争力，另一方面可以提高中国旅游业在亚太地区的竞争力。此外，文化型导游还可以传播中国文化，提高中国文化在世界文化中的影响力，提高我国整体的旅游服务质量，增强自身的旅游竞争力。

第二章　职业导游人才培养体系

当前社会旅游者追求个性旅游，追求特色化、人性化、深层次的旅游，享受有内涵的旅游体验，同时优质导游服务理念不断深入人心，这对导游的人文素养、职业道德、统筹协调能力、综合素质等方面都提出了更高的要求。本章主要论述新时代职业导游人才培养体系，主要从三个方面展开，分别是导游课程思政建设、导游课程教学改革以及导游课程师资队伍建设。

第一节　导游课程思政建设

一、课程思政在导游教学中的意义

（一）提升学生综合能力

《关于促进消费扩容提质加快形成国内强大市场的实施意见》是 2020 年 2 月发改委等 23 部门联合印发的，强调要以消费带动经济增长，以此改善国内消费环境。旅游业可以使文化、消费、娱乐三者有机结合，是一种创新型的模式，可以更好地促进经济的内循环，打开文旅融合的新局面，也有利于促进国内的消费市场的做大做强。大量的高素质人才是旅游业创新发展的必然需求，因此在导游相关专业的教学活动中，可以将课程思政的理念融入教学中，以此来适应国家、社会及企业对导游人才培养的需求。高校一方面要提升学生专业技能，另一方面要运用思想政治教育培养学生优秀的道德品质，坚定政治信仰，同时增强学生的文化自信，从而使学生的核心素养得到更好的发展，这是促进学生学习、提高学校教学质量的重要入手点。将思政元素融入导游相关专业的课程中，一是可以使学生对课程的理解更加深入；二是可以增强学生的创新意识，加强责任感；三是可以激励学生与时俱进，为以后的职业发展打下良好的基础；四是可以在根本上提高高校的人才培养层次和质量。

（二）促进学生未来就业和创业

随着时代的发展，社会对导游人才的综合素质提出了更高的要求，特别是在当前的社会大背景下，社会要求导游工作者能够基于文化、医疗保健、研学、康养、新媒体等要素来创新旅游模式。互联网的快速发展，加快了对低素质的从业人员的曝光，在这样的背景下，社会和企业急需高素质导游人才。国家旅游局也对导游服务体系进行了动态监管。所以，导游相关专业的学生要想在社会中就业，需要不断提高自身的综合素质。在导游教学中的实践中，课程思政可以发挥很重要的作用，一是可以使课程的内部结构更加优化；二是在提升学生专业素质的同时可以帮助学生更好地树立创新意识，发扬工匠精神；三是提升学生的综合素质和自身能力，培养学生成为更加有个性品质、精神状态更加饱满的全能型人才，确保学生在进入社会后可以很好地择业与就业。

（三）推动旅游业态创新和发展

处于知识经济的时代，我国旅游业要想得到更好地发展，一方面要做到挖掘景区的精品和内涵，建设特色的旅游线路；另一方面也要培养高素质的旅游专业人才，持续不断为旅游创新奠定坚实的基础。在导游的课程中融入课程思政，在新的时期可以更好地适应对导游人才的综合需求，在提升学生专业知识和能力的同时推动学生的创新意识培养，为培养学生成为创新型、复合型、高素质技能人才奠定坚实的基础，进而保证我国旅游业的蓬勃、健康、可持续发展。在满足人们多样化、多元化旅游需求的同时，可以开发更多新的旅游方式，进一步带动旅游市场的发展，将其做大做强，进而促进国民经济的稳定增长，达到改善国内旅游消费环境的目的，助力完善旅游消费体系的建设。

二、课程思政在导游教学中的基本原则

(一) 主体性原则

模拟导游课程中融入课程思政,不仅要在课程中突出其育人的重要价值,还要尊重学生自身学习的积极性和主体性,要尽可能地符合学生的兴趣爱好,对课程展开模式进行优化。从学生的角度来说,要尽可能地发挥学生自身的主体性,调动学生的积极性使其进行主动的探索与展示,明确对课程的整体认识。同时,要积极唤起学生的学习意识和提高自我的意识,充分发挥思想政治课的教育价值,促进学生专业实践的顺利开展,促进学生进行积极创新活动。以课程思政为基础,一方面对学生开展的专业实践活动进行引导,另一方面对学生的专业知识、综合品德、能力素质、合作意识等方面进行全面发展。此外,开展教学评价也需要充分调动和尊重学生的主体性,尊重学生的主观价值,调动学生参与课程评价的全过程,以此激励学生学习和提高学生能力,培养学生养成良好的道德品质。

(二) 互动性原则

导游教学的实施过程中,只是依靠学生的自律并不能显著促进学生的学习。有效的团队合作和相互竞争,对学生的学习质量的提高更加有利,可以引领学生主动参与学习活动。开展学习互动,可以在班级中营造良好的竞争氛围和环境,更好地开发学生潜能。导游教学实施过程中,要有师生互动与学生互动。对于学生而言,建组活动有很高的自我提升价值。作为老师应该根据学生的爱好、特点、学习的需求对课程组织模式进行优化和重组,引导学生积极参与到学习活动中。教师也应该在活动的开展过程中对学生的个性化需求进行捕捉和了解,在课后可以针对课程中的问题进行有效的拓展和延伸。有效的互动和科学的交流,可以使学生更好地了解和明确作为导游员所应该具备的职业素养,帮助学生树立良好的学习意识和发展意识。

三、导游课程融入课程思政的实践路线

课程思政并非是要求高校单独增加一门课程,而是将思政元素与各类课程进行结合,这是教授课程思政最重要的方式,并且可以构建起全课程育人的教育格

局。导游课程是一门对学生个体有很强的人文精神影响的课程，导游服务于游客，并使其自身的人文魅力和人文精神在导游中充分地展示在游客面前。

（一）课堂交流中渗入课程思政

对学生进行思想政治教育，课堂渗入是最好的方式和第一阵地。故而，要改变学生在课堂上的地位和角色，让学生从听讲者转变为主动的学习者，成为课堂的主体，改变传统的说教式教育，在师生平等的前提下充分交流思想。当前很多的大学生对于"大国方略"讲解课堂非常感兴趣，这是因为学生很喜欢讲解者身上透露出来的大国气质、大国自信和文化底蕴。在导游课程中教师也应该这样，对导游行业有信心和自豪感。我国有着悠久的历史和深厚的文化底蕴，导游行业的从业者可以在实际的工作中让游客感知中国的文化自信和民族气节，这对于导游从业者而言是一项艰巨且光荣的任务，也是一名合格的导游应该具备的能力。在导游课程中，教师应该以平等的态度与学生进行交流和相处，在教学中不断渗入课程思政的理念，在潜移默化中完成"思政"教育。

（二）教学设计中渗入课程思政

导游课程中，教师应提前根据所要学习内容对资料进行合理的、恰当的教学设计和教学安排。例如，课前让学生提前观看相应的旅游新闻，并让学生对旅游新闻中的事件提出自己的看法和观点。运用动态新闻，使得学生对导游的工作职能有更清晰、直观的认识和了解，从而潜移默化地提高学生对于导游行业的工作热情。与此同时，在这个环节中，教师可以列举一些导游的负面案例，引导学生进行思考，让学生客观地看待导游这个职业，帮助学生树立正确的职业观、人生观、道德观，在"润物细无声"中进行课程思政。

（三）职业素养中融于课程思政

课程思政的主要目的是培养学生的职业素养，包括正能量的传递、法律法规意识的培养和教育、良好行为习惯的养成。

第一，正能量的传递。在导游专业的教育中，教师的日常言行深刻地影响着学生。在导游课堂的教学活动中，教师应该塑造良好的形象，首先要严格要求自己的日常言行，以身作则，在实际的教学中积极向学生传递正能量。因此，在导游的课程设计中，要积极向学生传递与红色旅游相关的精神，如艰苦奋斗的革命精神、井冈山精神、长征精神以及积极与学生分享与红色旅游相关的历史故事等。教师也可以将抗战时期那段艰苦岁月历史内容传递给学生，让学生从中收获正能量。

第二，法律法规意识的培养和教育。这对学生的职业素养而言非常重要。在导游的课程教学设计中，教师必须向学生讲解与旅游行业相关的法律法规，可以采用讲解案例的形式来教育学生，这样可以达到更好的教育效果。与此同时，教师也应该讲解旅游者在旅游过程中恶意破坏历史建筑等文物的行为，并给出处理办法，同时针对旅游过程的安全问题、旅游注意事项等进行知识的普及和教育。总之，在旅游过程中，无论是游客还是导游，都要遵守当地的法律法规。导游更应该端正工作态度，养成良好的工作作风，不仅如此还应该积极维护自己的合法权利，严格履行自己的义务。

第三，良好行为习惯的养成。在导游课程中，教师一方面要严格要求自己，另一方面也要求学生严于律己，要求学生做到日常课程中不旷课、不迟到、不早退，对于不良学习习惯要彻底改正，进而养成良好的学习习惯和行为习惯。教师在教学过程中需要向学生讲授旅游相关的知识，在实践教学中将养成的良好的行为习惯带入其中。旅游行业对时间有着严格的要求，导游迟到会导致后续旅游过程出现很大的失误，比如错过车次，这就会造成行业的损失。为了避免此类事情的发生，在教学中就让学生养成不迟到的好习惯，防止今后工作失误。

总而言之，在导游的职业素质教育中，教师一是要融入专业正能量的教学，培养学生的优良工作作风；二是要讲述行业相关的法律法规，使得学生有较高的法律法规意识；三是要引导学生养成良好的生活习惯，避免工作失误。

四、导游课程中课程思政的教学模式

导游课程思政的教学模式设计（图2-1-1）的核心内容为四个构成要素：一是教学目标；二是教学程序；三是实现条件；四是教学评价。

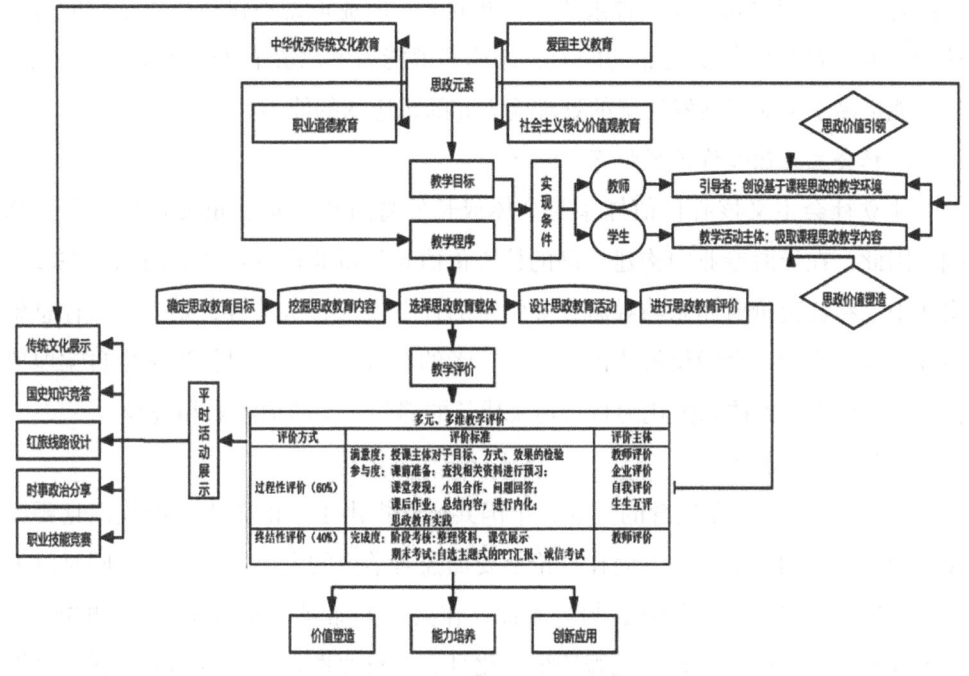

图 2-1-1 导游课程思政的教学模式

（一）教学目标

1. 爱国主义教育

中华民族精神的核心是爱国主义。在导游专业课程思政教学模式下，要确立爱国主义教育目标。这样做，一方面可以培养导游专业学生的责任感和使命感，使学生可以客观地、正确地看待问题，冷静处理问题，养成良好的思维习惯，维持良好的精神状态，从而促进学生的个人道德水平的提高和良好品质的养成；另一方面，在潜移默化中对学生进行国家安全教育、国家意识教育、国史及国情等教育，不仅能激发学生的爱国热情，弘扬社会主旋律，而且有益于学生继承中华民族优良传统。

2. 职业道德教育

职业道德教育对于导游专业学生而言是一种素质和能力的教育，主要是在基本职业道德规范的引导下，在学生面对事情和解决冲突的时候为其提供一种处理事情的态度和方法。总之，职业道德并非以向学生灌输固定的道德知识为教育目的，其主要的目的是在学生理解职业道德知识、理解职业规则的基础上，提升学生的各项综合能力和培养各种素质。与此同时，职业道德不仅提高了学生的道德认知，而且对学生判断是非的能力、道德理解能力的培养有着重要意义。当然，这也能提高学生对于突发情况的处理能力和随机应变的能力和水平。

3. 社会主义核心价值观教育

建立社会主义核心价值体系是个体成长发育过程中具有重要作用的思想基础。因此，在导游专业中构建正确的核心价值观显得非常的重要和迫切。在教学实践中，将社会价值体系与导游专业学生的社会需求有机结合，是当前课程思想在导游专业中的一个亟待解决的问题。二者的有机结合，可以促进学生自觉地把社会主义核心价值体系内化为自身道德成长的养分，不断地汲取和进步。

4. 传统文化教育

2013年11月，在教育的方面，中国共产党提出了新的要求，即我们党要深化对教育领域的改革。一方面在理论上要加强对学生的爱国主义教育，同时对于优秀传统文化教育也要加强；另一方面，在实践上加强培养和训练学生的能力。这不仅凸显了在中国教育中优秀传统文化具有的重要性，同时对如何开展教育指明了方向。在当下，优秀传统文化的价值也是传承文化精神的起点。

（二）教学程序

以上文中的教学目标为基础，制定出相应的教学程序，主要有五步：一是确定思政教育目标；二是挖掘思政教育内容；三是选择思政教育载体；四是设计思政教育活动；五是进行思政教育评价。

1. 确定思政教育目标

导游专业课程思政的根本目标是提高导游专业学生的职业道德素养，提高学生的政治认同感，增强文化自信心。将导游专业课余与课程思政相结合，一方面促进学生获得自我发展，另一方面使学生明确自身的责任感和使命感，正确地将自己定位于国家和个人前途中，从中找到自己存在的价值和生命的意义；同时可以在社会和个人认同下学习专业知识，在社会实践中明确自身的发展方向，不断取得进步，获得发展。

2. 挖掘思政教育内容

导游专业课中对课程思政内容选择的依据是全员参与性、育人性、先进性和适用性，对教材的脉络和教材的内容要及时把握，对导游课程中的思政元素进行挖掘和开发，找好导游课程和思想政治教育的切入点和融合点。

3. 选择思政教育载体

结合导游课程的课程思政的教学目标，可以选取时事新闻、人物传记、纪录片、典型事迹、行业发展史、历史故事等各类思政类的素材和案例，通过这些案例教学，鼓励学生独立思考。在课堂上，可以让学生对旅游相关时事新闻进行播报和评论，鼓励学生积极查阅资料、分析和评价案例，并且在课堂中进行面对面的师生、生生交流，这对于学生的逆向思维、批判性思维、辩证思维的培养具有重要的意义。

4. 设计思政教育活动

课程思政实践活动的实施基础建立在具有明确价值意义的思想政治教学载体之上，若没有承载实践活动的载体，思想政治教育就会像空中楼阁一般没有办法落实，也就达不到预期的效果。因此，在进行教学活动设计时，需要对学生群体的接受能力进行考虑，安排适当的教学活动。具体活动包括传统文化展示、导游词创作、国史知识竞赛、时事政治分享、文创产品营销策划、红色旅游线路设计、职业技能竞赛等活动项目。

5. 进行思政教育评价

评价不仅是对课程思政成果的检验，而且还可以根据评价结果对课程思政建设进行动态调整，从而更好地提高课程思政的教学效果，评价活动应该贯穿于思想政治教育工作的始终。一方面，课程思政的育人效果可以通过评价检验出来，有效的评价可以从以下方面入手：学生课堂表现、平时的评价、课后对思想政治内容的反思、思想政治活动的展示等。另一方面教师可以通过评价对学生的思想动态和思想政治教育的效果进行掌握，从而根据问题来动态调整课程思政的建设，进一步完善和提高课程思政的教育。

（三）实现条件

1. 教师

教师掌握着整体的教学节奏和教学内容的量，教师能力的水平直接关系到课程思政的教学水平，因此在课程思政的教学中，教师要对自己的政治精神目标进行明确，并在教学过程中不断提升自己，充分展现出教师的责任感和使命感。导游专业教师需要实时关注国家大事，关注与专业相关的政策变化，对于教学内容不断更新，对于教材内容理解透彻，深入挖掘专业课程背后的资源，不断拓展学生的政治视野，对于学生的诉求和需求尽量满足。

2. 学生

课程思政教学模式的教学活动主体是学生，教师在这个模式中充当引领者，学生在教师的引领下不仅需要学习专业的导游知识，而且要对导游的课程思政内容进行吸收。在这样的模式下，导游专业的学生会树立起正确的价值观、就业观，为将来走向工作岗位做准备。

3. 教学工具

导游专业的教师在进行教学时，可以采用先进的视频、PPT、网络学习平台、实验室等教学的工具，不断提高学习效率，调动学生的积极性和主动性，使课程充满趣味，最大程度地提高学生的和关注度。

（四）教学评价

1. 评价方式

教学评价要具备多元性、多维性，在课程思政的教学模式中采用的评价模式是过程性评价与终结性评价相结合的模式，过程性评价所占比重为百分之六十，剩下百分之四十是终结性评价，这改变了之前期末成绩所占比例高的评价模式。

2. 评价标准

评价标准主要包括满意度、参与度和完成度三个方面。其中，满意度是指针对导游不同专业课程，不同的授课主体对课程思政的施行所进行的综合指标体系的建立和检验，包括教学方法、具体教学目标和教学效果。参与度指的是以在课程思政的教学过程中，学生的学习效果评价为主要的标准，包括：一是课前的准备活动，对相关资料的查找和对将要学习的内容的预习；二是课堂表现，学生在小组的合作情况、课上的回答问题情况；三是课后的作业，对所学内容的评价和对知识进行内化；四是学生参与导游相关实践活动的表现。完成度指的是导游专业某门课程的学习成绩的整体评价指标，包含整理资料、阶段考核、课堂展示、诚信考试、自选主题的 PPT 汇报期末考试等，这些活动可以帮助教师检验教学效果。

3. 评价主体

评价主体主要包括：一是教师的自我评价，主要是教师对自己授课的过程、内容、方法、手段、扩展等方面的反思和改进，对自我教学过程的自我认知，这对于教师之后工作的开展有很大的意义和帮助；二是学生的自我评价，重点在于学生态度是否端正、自身表现是否认真及取得成果如何；三是企业的评价，邀请一些企业家或者行业内的管理者从职场的角度出发，本着客观公正的态度，对学生的知识能力、实际操作能力、实践活动的结果进行评价；四是学生的互评，即学生之间互相评价，学生之间相处的时间比较长，对于彼此更加了解，可以从不一样的角度做出真实、有效的评价。

五、导游课程中课程思政的实施对策

（一）强化教师对课程思政的观念

1. 教师要树立课程思政的理念

加强理想信念教育，培养爱国主义情怀。高校是思想的前沿阵地，作为高校的教育工作者，高校教师应该成为理想信念的传播者，坚定理想信念，不但要传播文化知识，而且要做好学生思想文化方面的工作，要坚持党的执政理念，注重培养学生的爱国主义精神。同时，教师也要从自己做起，树立爱国主义的榜样。教师需以身作则，可以更有效地传达爱国主义精神，在教学中将积极的能量传递给学生，让学生正确看待世界和人生，帮助学生不断提高专业素质。教师也要不断提高自身的教育能力和水平，"学高为师"，高校教师的立足之本就是丰富的学识和知识储备。导游专业的教师在进行课程思政的过程中，应该对专业的前沿动态进行实时了解，要将当前的数字文旅、预约旅游等旅游业前沿的发展动态及时分享给学生，让学生的思想紧跟时代发展的潮流。此外，人才培养是育人与育才培养的统一，其中育人是根本和基础。导游专业的相关教师应该成为学生身心健康培养的指导者和引领者，为培养具有德全兼备的社会主义接班人做好准备。"身正为范"，在学生的心里，老师是学生学习的榜样和标杆，因此教师应该在教学工作和日常生活中时刻对自己的言行加以规范，言传身教，成为学生学习的榜样，用自己的行为引导和推动学生成长进步。

2.教师要强化对课程思政的认识

专业教师的思想政治意识需要加强。专业课教师具有很强的专业性，但是在现代教育教学中，如果单纯地依靠专业教师教学，并不能适应和满足这个社会对新型创新人才的需求。专业课教师除了对先进的知识和文化进行讲授外，还应成为学生思想的引导者，同时成为他们健康成长的好伙伴。因此，国家近年不断加大对专业教师的思政教育力度，以增加专业教师的思想政治意识为目的，以教师为载体和媒介，将先进的思想政治教育与专业教育相结合，并遵循专业教育的科学规律，整合思想政治教育的方法与理念，使学生一步步接受专业知识，逐渐提高自身修养。正确理解课程思政，是课程思政助力导游专业人才培养的关键一步。对于认识片面、理解不深刻的现象，可采取以下措施：

（1）理论知识的形象化。导游专业教师可以通过深受学生喜爱的方式，比如微信、微博、短视频、游戏等，将书本上的思想政治理念形象化、具体化，便于学生理解和吸收课程思政的内涵和概念。

（2）科学分析和指导。与其对学生进行刻意地灌输和回避，不如对学生进行科学的分析和引导。例如，中国旅游文化课程是导游专业学生的重要内容。教师利用这个阶段学生的好奇心和求知欲，以研究区域文化差异及其原因为基础，让学生在这个过程中建立起文化认同感和民族自信心，而与此同时，我们可以提高警惕，从源头上预防不良思想。

（3）提高认识。有专业教师认为思政教育是学校开展的、具有常规性的教学工作和辅导员的学生管理工作，所以对课程思政的对于导游专业人才培养的重要性和意义没有深刻的认识，缺乏主动整合的意识。针对这种现象，学校不仅要进行常规的宣传、教育和培训，还要让教师要从自身所教授的课程做起，多学习、多总结、多提高，充分发挥教师自身的内在能动性。

（二）提高教师课程思政教学能力

1.促进导游专业教师与思政课教师合作

在新的时代下，社会对教师的要求也在逐步提高。在这样的情况下，专业课教师也应该对自身各方面的能力和素质进行提升，特别是在教育教学过程中，教师应该对专业课中的思想政治资源进行挖掘和开发，为实现专业教育与思政教育相结合做出努力。但是就现阶段的教育来说，大部分的导游专业的教师将更多的精力放在提高学生的专业技能上，而忽视了思政教育。另外，导游教师的思想政治素养水平高低不一，教师自身认识不到一些思想政治问题，加之思想政治要素在不同专业之间存在诸多差异，因此导游专业的教师与思想政治课教师的合作已迫在眉睫。双方教师同理合作，各显所长，共同探讨和分析导游专业教育与思想政治教育融合中出现的问题，这样才能有效地促进导游教育事业的进步和发展。所以，为导游教师与思想政治教师的合作搭建平台具有十分重要的意义。

2. 融合导游专业知识与思政教学内容

要把导游专业教育与思想政治教育有机结合，并且需要切实落实到工作中。当然，两者的融合并非是将不相关的内容生硬的联系在一起，如果这样做的话，一方面，会对导游专业已经建立的知识框架和结构造成破坏，扰乱导游专业的正常的、系统的专业教学模式；另一方面，对于激发学生的学习兴趣没有任何帮助，甚至让学生感到无聊和抵触。学生的厌倦和抵触，对专业知识的教学和思想政治知识的教学都是非常不利的，会严重影响教学效果。因此，教师要注意职业教育与思想政治教育的相关性，明确两者之间的关系，寻找合适的切入点进行思想政治教育。思政教育在教学中不能占主导地位，也不能忽视，只有将两者有机地结合起来，才能取得最好的教学效果。

与此同时，决不能让思政教育成为空中楼阁。导游专业具有本身特有的现实性，因此许多与民生相关的热点话题都与导游专业密切相关。教师在开展思政教育时需要与实际相结合，自觉结合当前热点，培养学生的思政思维和政治自觉，引导学生用思政思维去分析问题、解决问题，进而提出切实可行的、有效的建议和措施。这样做一方面有利于加深学生对思政理论的理解和认识，另一方面使学生获得成就感，在成就感中获得学习思想政治教育的乐趣，这也促进了思政教育和导游专业教育的结合和发展。

3. 组织导游专业课程思政的研讨活动

第一是组织导游和思想政治的教师进行集体备课，这样可以弥补专业教师专业性强但思想政治知识点掌握不准确的漏洞。

第二是对现有教师进行选派，参加培训和深造。积极选拔教师去参加相关课程的培训与交流流动，学校也可以邀请专家到学校进行讲授、介绍相关的经验，找出导游教师在课程思政建设中遇到的问题和困惑之处。

第三是导游专业教师定期组织内部交流，总结和归纳教师思想，形成系统的、集体的资料，建立课程思政教材库。

第四是打造课程思政队伍，吸引思想政治课程、心理学、社会学等学科教师，围绕导游专业课程建设目标，打造多学科、多结构的团队。

（三）以建立"大思政"格局为出发点

学校要为专业课的课程思政创造有利条件。一是打通课程思政的教师与导游专业课教师的沟通和交流的渠道，让思想政治教师的能力得到充分的发挥。落实互帮互助政策，引导和带动导游专业教师向思想政治课教师学习，使得"课程思政"建设的辐射带动作用得到充分发挥；二是完善相关的评价和检查机制，需要建立思想政治教育成果评价与导游教师成长性考核之间的联系。这不仅可以引导教师更加重视思政教育，调动教师的热情、增强教师参与的积极性，而且从实践的角度来看，这样也可以提高思政课的普及程度。

（四）组建"党建+课程思政"的教学团队

针对导游专业，可以建立"党建+课程思政"的教学团队，旨在结合学校的办学特色、学校思想政治课的要求和专业课程的目标，全面提高课程思政在导游专业教学中的应用能力和水平。通过课程思政教育工作经验的交流研讨会的定期召开，组织和动员教研室全体教师编写课程思政的案例库，积极创建课程思政的实践活动，如抗联红色文化融入实践教学等活动，一方面可以形成教师间的合力、凝聚共识，另一方面也可以使导游教师开展课程思想政治建设的意识和能力得到提高。

（五）开发导游专业课程思政教材和资源

面对导游专业教育与思想政治教育相结合的急切需要，当前最需要处理的工作就是开发导游专业课程思政相关教材和资源。为了使这项工作顺利开展，需要充分调动导游教师和思想政治教师的积极性，通过研讨和交流，取长补短，促进思想政治教材和资源的挖掘和开发，保证思想政治教科书具有缜密性、理论性和专业性。除此之外，如果条件允许，建议扩大和充实研发队伍，吸引教育学、心理学等方面的专业人才。如果说导游专业教师和思想政治教师的存在解决了思想政治教育中的一些硬性的难题,那么在一定程度上,教育学和心理学人才的增加会更加适应课程思政融入时,学生对其的接受程度,同时把握课程设置的方向,促进教学的合理化和科学化,提高思想政治课教材和资源的实用性。

与此同时,不能忽视学生的主体地位。无论是相关的教材开发还是资源开发,最终用户除了教师还包括学生,因此学生的水平和接受能力是教材和资源的开发必须要考虑的事情。鉴于此,在教材资源开发的初期,可以加强师生之间的讨论与交流,并及时重视和吸纳导游学生对思想政治教育教学的反馈,为教材和资源的开发提供有价值的参考。只有这样,才能在专业教育与思想政治教育有机结合的基础上开发教材资源,最大程度地满足教师和学生的学习和成长需求,而且这也充满了人性化特色,能在很大程度上促进思政教育与导游专业实践的结合。

总而言之,导游专业课程思政的教学模式离不开专业教师和思想政治教师的共同努力。我们要牢牢把握课程建设的阵地,不断拓展教学的新视野,在最大限度地发挥导游专业教师的特长的基础上,结合导游专业的思想政治因素,促进导游专业思想政治教育的进步。当然,导游专业教师的教育理念要始终坚持人本主义,坚持立德树人,把思政教学的重点放在让学生养成正确的爱国爱岗的价值取向上,培养具有爱国主义精神和高尚职业道德的导游专业人才。

第二节 导游课程教学改革

一、导游课程中存在的问题

(一)实践与理论相脱节

学校的培养目标是培养适应社会岗位需要的技术、专业人才,这个培养目标强调学生的实践能力。根据教学要求,大多数学校的导游专业都开设了专门的实践课,但在实际教学中仍存在实践课与理论课脱节的现象。

首先,学校对导游专业实践教学的认识存在不足。在当前的教学中理论的灌输式教学仍占主导地位,学校侧重导游相关专业课程的理论教学。在具体教学实践课程的开发中，大多数教师对学生的实践定位并不准确，并且对学生专业能力的培养也不足，这就造成"实践能力培养"流于形式的现状。

其次，在具体的教学过程中，一些学校导游专业的教师没有明确的理论与实践相结合的教学意识。在具体的教学环节中，这些教师很难将理论与实践相结合，也不可能把理论运用到实践中，这就导致学生对理论课缺乏兴趣，并且也无法对实践的意义有深刻理解。学生缺乏对自身实践能力的综合探索，实践锻炼的积极性也不高，更谈不上理论知识在实践中的应用和指导实践。

最后，从导游专业学生的角度来看，这些学生虽然有一定的理论基础，但是由于实践与理论缺乏结合，加之对职业和行业的认识还不够高，学生学以致用的能力不足，无法在岗位的工作中自如地应用实践技能。由于学生没有在导游课程的实践中接受正确的实践指导，不能掌握社会岗位需要的能力，因而不能在工作中快速适应和进入岗位角色，这就很难满足用人单位的人才要求，这一方面造成用人单位的资源浪费，另一方面也对导游专业的学生自身的人才职业发展产生不利影响。

（二）缺乏素质拓展类课程

提高导游专业学生综合素质的有效途径之一就是素质拓展课程，然而大多学校导游专业的教学工作者不重视对学生开展的素质拓展课程，未能有效开展课程计划的素质拓展教学活动，这就导致实际效果不尽如人意。这就很难从根本上保证相应教学对学生的基本素质的提高，也很难落实"能力本位"教学理念。

第一，在课程类型的安排方面，学校面向导游专业学生开展的素质拓展课程大多是英语和计算机等传统课程，课程设置上呈现单一性，缺乏创新性；开发性课程的内容也不够丰富，对进一步提高导游专业学生综合素质产生不了明显的作用。

第二，在导游专业的教学中，针对导游学生的素质拓展课程，学校没有进行科学的、系统的规划和设计，而素质拓展课程的开展过程并不顺畅，并不能将导游课程能力培养的优势体现出来。与此同时，导游课程的部署和协调很难做到与拓展课程的均衡。一些与导游专业学生今后职业具有紧密联系的课程较少，实用性的素质拓展课程涉及内容很少，学生缺乏对自身综合素质拓展的选择权。

第三，对于导游专业来说，缺乏有效的素质拓展课程的教学手段。大部分的导游专业教师依靠传统的课堂说教式教学模式，很少使用多媒体设备进行教学，而且整体教学过程枯燥，不够生动，这很难激发学生学习素质拓展课程的热情和积极性。

第四，导游专业的配套考核机制不健全。学校对素质拓展课的考核仍以期末考试为主要的考核方式，没有建立科学的评价体系。考核的方式和内容基本上是课堂教学内容，这就很难体现导游职业素质拓展课程所具有的实用价值。

（三）课程评价机制单调

改进导游教学开展的必要环节是完善课程评价体系。完善课程评价体系一方面可以明确导游教学质量的优劣，另一方面对导游的教学内容、教学思想和教学形式具有很重要的作用，比如判断、分析和推进作用，特别是在改善导游教学工作、改善教学环境、强化教学成果等方面有重要的意义和作用。

但是，学校在导游课程的评价机制上依旧被束缚在传统教学评价中，评价机制单一，缺乏科学性，主要表现在以下几个方面：

第一，单一的课程评价方式。受传统评价机制的影响，学校注重形式和分数等内容的评价，很少涉及对学生非智力因素的评价；与此同时，考试评价的方式单一，只有传统的期末考试方式，侧重于终结性评价，忽视学生的过程性评价，这很难调动起学生的积极性和学习的主动性。

第二，导游课程教学成果的评价主体相对单一。评价主体主要是教师和管理人员，缺乏如实践活动负责人、实习单位负责人等其他教学人员的评价以及学生的自我评价和生生间的互评。这使得导游课程评价缺乏全面性和客观性，使得导游课程的评价效果不能真正体现导游课程的水平。

第三，导游课程的评价对象比较单一。学生的课程学习成绩依旧是导游专业中唯一的评价对象，导游专业忽视了对学生职业道德、文化素养和实践能力的综合评价。这种评价方式深刻地影响着学生和教师的教学观念，导致了学生重书本理论、轻实际操作的观念以及忽视专业素质等不良学习态度，也影响教师正确理解和贯彻素质教育和能力本位教育理念。

（四）忽视隐性课程的开发与建设

能力本位教育理念对人才的要求一方面在于显性层面，比如人才所掌握的技能等，另一方面在于隐性层面，比如职业精神、工作态度等，这和学生的职业观念、工作思想等有着密切的联系。在导游专业课程的开发中，需要开发和实践思想政治、人文内涵等类型的隐性课程。

第一，在导游专业的隐性课程的开发与建设中，导游专业普遍存在着步调不一的现象。一些学校的导游专业过于强调培养技能型人才，在理解学生能力本位的素质要求上存在一定的误解和偏差，在导游专业学生的培养中，夸大了市场化机制的作用，且教学的重点倾向于实践技能的岗位训练，忽视了学生职业思想、职业习惯、道德素质、人文素质等隐性课程的开发与建设。

第二，导游专业在隐性课程环境建设方面探索性不够，软硬件投入不够。不管是课程设置还是校园文化建设都还不完善，相关的实践性课程也比较匮乏。这种情况下，虽然导游专业的学生有一定的专业基础知识，却降低了导游专业人才的培养标准，这与以能力本位的教学理念不符，培养出来的学生与社会复合型人才的需求相差甚远。

二、导游专业课程改革思路

（一）导游专业培养目标和要求

1. 培养目标

导游专业的培养目标是培养具有旅游与导游专业基本理论和基本知识、能胜任各级旅游企事业单位导游业务的复合型、应用型高级人才。导游专业的学生需要对旅游、导游相关的知识进行学习，接受导游方面的专业训练，具有应对突发事件和解决问题的能力和水平。

2. 培养基本要求

（1）热爱祖国，支持中国共产党的领导，掌握马克思列宁主义、毛泽东思想和邓小平理论的基本立场、观点和方法，遵守纪律和法律，具有良好的思想道德品质和职业道德。

（2）对于导游相关的基本理论、基础知识和基本技能可以全面地、系统地、扎实地掌握；及时掌握和理解导游研究的最新成果和发展趋势，初步具备从事导游学科研究的能力和水平；对国家旅游发展政策法规非常熟悉；掌握专业知识和信息，持续创新；掌握必要的旅游服务操作技能；具有运用导游相关理论分析、解决问题的基本能力；对于外语和计算机应用技能要熟练掌握，符合规定的水平要求，并能够从事与外语相关的业务工作。

（3）具有较高的人文科学素养，广泛的知识基础，一专多能；具有实际的操作能力和水平；具有处理相邻专业的业务能力和水平。

（4）具有健康的体魄、艺术修养和良好的心理素质。

（二）导游专业课程设置的结构优化

1. 课程设置与行业需求相符

旅游企业提高经济效益需要更多的实用型技术人才。根据旅游行业自身的特点，旅游企业要求被录用的人员能够马上上岗，而导游专业的毕业生对社会角色的转变一时不能适应，主要原因是导游专业的课程开设有所不足。导游专业的课程开设要注重实际操作的知识和能力的培养，但大部分课程教师只是根据书本进行讲解，缺乏实用性。

为了适应旅游业的迅速发展，我们必须紧跟导游行业的发展步伐，对原本的导游专业的课程设置进行改变，并及时删除一些过时的课程，以免浪费资源，误导学生。导游专业开设的课程要超前，使学生所学的东西在毕业后可以运用，并能保持导游专业学生在社会中的优势。

2. 减少课程内容的重复

导游专业课程内容具有重复性，这并非只有导游专业具有这样的特点，其他专业也存在这种情况。我们在这里要阐述的是，由于导游专业涉及的知识面比较广，需要学习的东西也比较多，减少重复可以提高学生学习的效率，让学生有更多的时间去学习其他知识。而对于教师来说，这样做可以减少时间浪费。学院应定期召开有关课程的讨论会，说明在哪门课程的哪些内容要详细讲解，多个老师同时讲授一个知识点的情况要避免出现。

3. 开设多样化的选修课

我国传统的导游专业课程体系基本上由公共基础课、专业课和选修课组成。虽然各学校的课程比例具有不一致性，但差距不会太大。一般来说，公共基础课占总学时的41%—43%，专业课占37%左右，选修课占20%左右。

由此可见，我国导游专业所占比重较大的是公共基础课，这反映了课程设置的不合理性。必修课和选修课的比例会影响到学生对专业知识掌握的广度和深度。选修课的主要目的是对学生进行学科领域的新知识的教育以及跨学科的基础知识教育，强调对导游和旅游市场的适应性。学校可以迅速调整教学内容，发展学生的个性、兴趣、智慧和潜能，提高适应旅游业发展的能力和水平。选修课的内容体系不需要强调学科的基本理论，更重要的是关注现实导游业发展的动态和实践技能。对此，学校应该给予大学生更多的学习自主权，适当降低必修课的比例，增加选修课的比重，同时减少课堂教学时数。我国导游专业课程的内容涉及面广，学生对课外知识的渴望不能被必修课的安排满足。对此，应提高选修课的比例、丰富课程种类，以适应社会发展的需要，顺应旅游业和导游业发展的主流。

4. 开设的课程程序合理

课程的设置顺序必须与课程内容的逻辑顺序相一致，同时要考虑学生的心理发展规律。第一，专业基础课要开设在专业方向课程之前，尤其是与导游相关的课程。第二，在公共课中，应在西方经济学、统计学、会计学和财务管理学之前设置高等数学。刚刚进入大学的学生对专业的选择充满了好奇与不确定性。因此，学校可以给大一新生安排一些专业基础课程，让学生更好地了解导游专业。第三，实践环节。导游专业一个非常重要的课程就是实践活动，很多学校把实践环节放在学生大四的时候，这会造成理论和实践的分离。对此，实践环节应当贯穿于整个四年的学习过程中。

（三）导游专业课程结构整合后的改革

1. 实践教学改革

导游专业是实践性很强的专业，一方面要求学生具有较强的实践操作能力，另一方面要求学生具备解决问题、处理突发事件的能力。实践是理论知识在社会中的实际应用，是培养学生操作技能和服务意识的重要环节。因此，学校要加大导游专业实习基地的建设力度，完善实习基地的设施设备建设，保证导游专业实习教学的顺利进行。导游专业的实习基地建设可以从两个方面入手：

一是拥有自己的企业和旅行社，建立固定的实习基地。一方面有利于根据本校学生的特点进行培养，因材施教；另一方面可以弥补学生在学习中没有掌握的技能。

二是学校要与导游专业相应的行业建立长期的合作关系，学生根据自己的爱好自主选择旅行社进行实习。4—5个月的长期实习，能够使学生的实践和操作能力得到提升和锻炼，让学生掌握基本技能，为学生将来进入管理层积累实际工作经验。学校还应建立和完善导游专业实习基地，不但能让学生学好基本要领，这可以帮助学生在就业时得心应手。最后，根据实验基地所培养的知识和技能，在实习结束时进行统一考试，使导游专业毕业生能够初步满足旅游企业和旅行社的就业要求，特别是一些较低层次管理人员的就业需求。

2. 教学方法与手段改革

（1）互动式启发教学

培育学生的形象思维和抽象思维的能力。让学生全身心投入到其中，启发式教学就是其中的手段之一，它基于问题，将以学生为中心来讨论作为教学的主要手段，改变输出式教学模式，能挖掘学生潜在的智慧，激发学生的热情。启发式教学互动是使学生和教师直接面对面地深入讨论教学内容，以此来培育出学生的创新思维能力，这也有利于提高教师的专业素质。

（2）情景式教学法

情景教学法是利用具体的活动情景，提供学习资源，激发学生积极的学习兴趣，提高学生学习效率的一种教学方法。和别的教育模式同，情景式教学法创造真实和接近真实的具体情境和形象，提高学生的学习兴趣，改变抽象教学的枯燥形式，帮助学生将知识引入情景之中。所创造的情境越是生动、准确、活泼，学生就越能理解所传达的信息，触景生情、振奋精神，激发想表达思想的欲望。在实践教学中，教师可运用角色扮演、多媒体、案例教学等手段，应用情境法在专业课程中运用当地导游接待项目、全天陪护项目、导游接待项目，用案例法创造教学环境。学生可以从案例中获得更多的课外知识，为今后的实践打下基础。在课堂中运用实践的方法，需要老师组织学生在本市的旅游景点转一转，让学生作为导游，在旅游景点给其余的学生去讲解景点知识。根据这个实践部分给学生打分，可以将其作为期末成绩的一部分，如此学生既可以熟悉景点也可以体验导游工作。

3. 课程考试的改革

考试的主要目的是确定学生在平时获得的知识是否扎实，并评估本学期学生的学习情况。以往的期末考试都是最后几堂课，老师给学生重复一遍考试范围和重点，让学生来听一听重点，回去记一记考试就能通过，这对于导游专业来说并不是一件好事。导游专业在考试时要注中平时知识的积累，老师应该从考试成绩3:7模式调到5:5，也就是总分数的一半。此外对学生技能方面的考核，可运用分阶段式的考试方式，在学生学完一个技能之后给学生打分，把平时的分数累加起来所取得的成绩，和学生期末考试的分数结合起来算出一个分数，如此考试的内容才是全面的，且能够让学生更加牢固地掌握平时所学的知识。具有多方面知识和技能的人才才是未来企业所需要的，为此考核的内容要有全面性，把平时学生学习的知识链接起来考试，这样就能了解学生对知识的掌握情况。所以学校考试要减少一些理论知识和概念方面的题目，多一些理解性和分析性的题目，在提高学生分析和解决问题的能力上，要让学生平时就把精力放在技能与原理的分析上。在题目类型设计中，要增加主观问题的比例，缩减客观题目的比重，鼓励学生表达自己独特的观点，给学生想象和展示的空间，通过练习培养学生的创新思维。在考试中，要结合口试、开卷考试、实践技能考试和写作考试等考试类型，充分检验学生的整体运用能力，对不同的科目采用不同的考试方法。

各旅游企业需要的人才是实践能力强的人才，所以考试改革必须要提高学生的实践能力，理论和实践这两方面能力都要让他们提高，让学生具有创新思维，把自己的力量投入到祖国建设当中，并达到导游这个职业的培养目标。

4.师资队伍改革建设

导游业和导游教育的特点决定了具有导游理论知识和实践经验的双师型师资队伍。保持导游教育水平的关键因素之一是保持一个教师队伍的强大和活力，一流大学和学科的保证是师资队伍。近年来，旅游教育研究强调了教师的实践经验，自引入导游教育以来，这种双师型的类型一直存在争议。毋庸置疑，有过导游工作的经验可以帮助教师提高教学效果，但过分强调教师的经验可能会降低教学效果。在教师队伍的建设过程中，有时很难找到一个将理论与专业实践相结合的教师，社会想要两方面能力都具备的老师，实际上是想拥有全能型的教师。此外，多技能教师需要将科学、教育和实践技能相结合，学院必须根据老师的特点进行细分，其中一些教师具有很强的学术研究能力，关于导游的理论知识可以让他们来研究，有比较好的关系网的教师和旅游企业，可以利用这个特点，在课堂中注入新的知识，根据老师擅长的方面来分工，这样老师就不会感觉到有很大的压力了。

对于学校来说，重要的是要培养年轻的高学历教师，他们有精力接受培训。学校可以把他们送到公司，用来了解公司的内部运作，这样对老师们的教学是很重要的；还可以每年送一些老师到海外学习，去研究国外新的导游专业教育理念，学习他们的优点，让这些老师与全世界在专业建设、课程安排上竞争，并多去旅游景点参观，丰富的旅游经验，可以很好地帮助"客源国概况"这门课程。学校可以邀请一些在旅游业有丰富经验的业内人士来学校讲座，多给学生讲一些工作中的案例，旅游业业内人士零距离与学生和老师接触，对于他们本专业的学习是很有帮助的。

学校还要去引进国内外的一些优秀人才，让他们向学生传授新鲜、前端的知识，让学生与时俱进，更多地了解专业动向。对导游专业课程改革的目的是让师资队伍发挥能动性与积极性，导游专业课程改革的一个重要组成部分就是要努力提高教师的教育水平。

5. 学生职业道德建设

向旅游企业输送人才的重要途径之一就是输送导游专业的毕业生，但是导游专业有其特殊性，刚刚走出校园的毕业生对于社会工作不能马上适应和融入，很难独立承担起工作。根据部分旅游企业的负责人介绍，因为导游专业的毕业生非常有活力、想象力和创造力，所以这些企业特别喜欢导游专业的应届生，而且他们有很高的素质，有比较大的发展和上升空间，但是应届毕业生对自己的个人定位模糊，加之心气高，缺少吃苦耐劳的精神，导致他们对导游的岗位期待值比较高，进而出现严重的跳槽现象，这就造成了旅游企业人才流失比较严重的局面。

旅游从业人员的基本素质是职业意识和职业道德，这些基本素质需要在长期教学的过程中培养，所以学校应该经常做一些市场调研，对于导游业的动态和导游专业的就业形式做到实时了解。在教学的过程中，学生不仅要对自己所学的专业深入了解，对行业就业形势有明确的认识，而且还要对自身有正确的评价，端正自己的就业心态，树立正确的就业观、择业观。与此同时，学生还要培养好其心理素质和敏锐的职业洞察力，以降低应届生在就业过程中的失落感。导游专业的学生在校期间，学校要为学生提供各种机会，让学生踊跃参与与导游专业相关的各种实践活动，课余生活的丰富多彩对提升学生的综合素质有很大的益处。

6.课程评价体系建设

学生的学习结果是课程评价对象的重要方面，但是评价的对象也要扩展到课程计划、内容和目标等方面。课程评价的对象是教师、学习者、教材以及环境，这些同时也是课程四要素，这是美国著名课程论专家施瓦布提出的论断。专业的师资队伍是院系学术水平和综合实力的体现，导游专业建设的必要基础就是教学条件，包括教学场所、实验室条件、教学经费投入、实践教学基地、对外交流网络等。当前，随着招生规模的不断扩大，很多院系在教学条件方面面临压力，单单就导游专业来说，其评价的重点是能否建立完善的实验室条件。学校应该从两个方面入手来评价导游专业的学生，一是包括发表论文、申请专利等在内的科研素质和能力；二是实际的操作能力和动手能力。课程建设的重要组成部分之一就是教材的建设，随着导游学科的不断发展壮大，很多新的符合时代潮流和时代发展趋势的教材相继出版，这些教材紧跟导游业的发展趋势和世界旅游业的发展态势。

第三节　导游课程师资队伍建设

一、导游课程师资队伍建设现状

（一）导游专业教师在校教学的平均周期短

从实际来看，与其他的传统学科相比，普通高等院校旅游专业的扩招开始于21世纪，也就是说许多高校的旅游专业设立还不到20年，因此导游专业具有教师年轻化和在校教学的平均周期短的特点。导致这一现象的主要原因，一是导游教育发展进程的影响，导游专业发展初期人才培养的力量集中在中等职业教育上，而高等教育的大发展是在21世纪初，专业建设短暂的历史决定了教师队伍的年轻化特点；二是旅游院校的师资处于大换血阶段的影响，原来从其他相关学科"转业"来的教师由于年龄偏大，很多人已经退休，补充的新人多是近10年来毕业、受过本专业高等教育的导游专业人才。

（二）导游专业教师在总量上供给不足

从总量来看，近年来高学历的导游专业教师在总量上处于"供不应求"的失衡状态，导致这一现象的主要原因有两个：一是高校提高了招聘师资的学历门槛，而导游、旅游专业受自身硕士、博士学位点不足的影响，高学历的旅游专业人才培养数量不足；二是很多具有博士学位的旅游专业的毕业生直接到旅游企事业部门从事高层管理工作，没有选择高校教师这一职业。所以，我国目前大部分高校导游专业的高学历专业教师在数量上的缺口很大，因此，解决导游专业师资的供需平衡问题，建立总量稳定、进出有序的导游专业教师队伍是导游师资建设的关键。

（三）导游课程教师缺乏高尖人才

相对于其他学科，导游专业教师队伍中的高尖人才是比较少的。除此之外，总体上教师资源处于供不应求的状态，并且高校之间还存在"挖墙脚"、师资流动不合理的现象，学科带头人和骨干教师的流失现象是非常严重的，这种实际情况对我国高等教育中旅游管理专业的全局和发展造成了不利影响。与此同时，旅游行政机构、旅游行业组织和旅游企业还对部分精英教师开展了"猎头"活动。与这些部门机构和企业相比，高校中导游专业教师的待遇和职业前景处于不利的地位。这种师资的不断流失严重影响了教师队伍的稳定性。同时，教师队伍整体学术水平、理论素养长期得不到提高，严重影响了高校旅游专业的教学质量。

（四）导游专业教师资格的门槛过低

从实践层面上看，导游专业具有比较强的实践性，需要培养"双师型"的教师，但是在对导游教师进行培养的过程中，多数高校不仅没有具备教育基础学科的优势，还没有具备导游专业能力培养的优势。从某种意义上来看，对于导游专业的培养并未真正纳入国家专业教师的培养计划，多数高校的教师一般是学校根据专业进行选聘的。考虑到教师工作的需求，教师一般可以在选聘成功之后再考取资格证书，这种现象反映了导游专业对教师的资格要求相对较低。

二、导游专业化师资队伍建设意义与要求

（一）导游教师专业化的意义和作用

1. 有助于旅游产业转型升级

当前我国处于完善社会主义市场经济体制和扩大改革开放的关键时期，也是我国由"旅游大国"迈向"旅游强国"的战略转型期和黄金机遇期，旅游强国的实现，必然以旅游产业结构的调整为依托，而旅游产业结构调整的前提是拥有大量的旅游专业人才。这些专业人才的培养靠旅游、导游教育，导游教育目标的实现靠专业化的教师，因此，实现导游教育师资队伍专业化对促进导游业持续快速健康发展、大力开发导游人才资源、全面提高导游业队伍的素质、推动导游业积极参与国际竞争、实现世界旅游强国的目标具有十分重要而深远的意义。

2. 有助于提升导游教育

导游教师是旅游开发过程中的主要承担者，对导游人才的培养发挥着中继性、扩大性等效用。教师在教学过程中发挥着重要的引导作用，导游专业教师是导游学科知识的传递者，他们必须精通某一分支学科或所教学科的知识，这样才能在教学过程中有所建树，让教育过程具有科学性和创造性，从而更好地实现教学目标，才能为学生营造一种学术氛围，使他们达到学科的前沿。因此，目前对于高校导游专业来说，教师队伍的建设亟须加强，这对我国未来导游业发展后续人才培养的长远大计有着至关重要的作用。

（二）导游教师专业化能力要求

1. 专业知识

在社会上，每种角色都必须具备该角色应该具备的知识。专业知识在职业专业化中发挥着关键作用和核心作用，如果将旅游教师看作是一种专业人员，那么他们就应该具备相应的旅游专业知识。旅游教育教师主要是向旅游专业的学生传递旅游相关的知识，也就是从事旅游专业知识的教学工作，他们所具备的知识结构应该与一般的研究人员或者学科专业有所区别，也应该与中小学教师有所区别。旅游教育教师的专业知识主要包括以下几方面：

（1）导游专业的学科知识

任何一门成熟的学科，都有属于自己的庞大的理论体系。与其他学科相比，导

游学科是一门新兴的学科,也没有较长的发展历史,但是导游学科的每个分支学科都集科学性、实践性、创造性于一体,导游学科是一门值得深入探索和学习的学问。导游学科教师只有将导游专业的学科与相关学科在一定程度上融会贯通,才能对旅游现象进行深入的阐释,对旅游学科发展的脉络有一个清晰的把握。

（2）教育科学的知识

作为导游学科教师,要想将自身的角色成功地扮演好,就要对自身专业劳动的特殊性有清晰的认识,也要掌握足够的导游专业的学科知识,还要将学科知识所具有的学术形态向学科教育形态转化,对这个过程中的教育科学知识也应该掌握。导游教师的专业劳动既包含了科学的创新活动,又包含了育人的综合艺术。一名合格的导游专业教师必须具备相应的教育科学知识,教育科学知识所呈现出来的课程主要包括心理学、教育学、学科教育学、教育实习、教育科研方法、学科教学与信息技术等。

导游教育教师专业化发展水平的提升路径有：加大导游教育专门化程度,更新学科教师教育理念；提升教育科学课程的科学化水平,更新教育科学课程的理念。

（3）一般文化科学的知识

一般文化科学知识是整个导游教师专业知识的背景。导游教师应该熟悉任教学科以外的一般文化科学知识,这样不仅可以在课堂教学中为学生提供丰富的例证,提高教学的魅力和教学的效果,还能够提高和开发自身的创新能力,提高教育科研水平,引导学生对未知世界进行探索,培养和提高学生的创新能力和实践能力。一般文化科学知识包括外语、计算机、数学、管理、地理、历史、文化、建筑、美学等知识。由此可知,导游专业教师应该具备广泛的知识,不仅要对自己的专业精通,还要对其他学科的知识有所精通,这样才能培养出综合素质高、视野广阔的旅游人才。

2. 专业能力

教师的专业能力直接影响教学活动的成效和质量,它是教师在教育活动中形成的,也是在教育活动中表现出来的。教师的专业能力是一个非常复杂的综合体,主要包含以下几方面：

（1）学科能力

人类在从事活动过程中都应该具备一些能力,如观察力、注意力、记忆力、思维能力和想象能力等，这些能力被称为一般能力。从事某种特殊活动应该具备的能力被称为特殊能力，如数学能力、音乐能力、绘画能力等。特殊能力是在一般能力中获得充分发展的某种特殊的心理活动系统。学科能力是对某种学科进行学习和研究时所需要的一般能力和特殊能力的总和。对于学科能力，目前并未有一个公认的定义，但是基本上所有的研究者都认同将学科能力分为两种能力——学科学习能力和学科创新能力，这两种能力反映了导游专业教师应该具备两种不同层次或不同类型的学科能力。

（2）学科教学能力

学科教育能力指的是将教育理论知识传递给学生并取得了良好效果的能力。导游专业教师的目标是为导游行业培养出众多的高素质专门人才，对于教师来说，教学是他们的中心工作和首要任务。学科教学能力主要包含两方面：

一是实现知识形态转化的能力。作为导游教育教师，应该具备将科学知识转化为课程知识进而转化为教学知识的能力。这就对导游教育教师提出了要求，他们应该对自己所教学科的知识有充分的理解，对教材和参考书进行深入的分析。在向学生传递知识的过程中，导游教育教师应该把客观存在的科学知识转化为以课程形态存在的知识，这样才能让学生更好地接受和吸收知识。

二是实现知识在主体间转移的能力。教师通过语言向学生传递教学信息，通过语言实现主体间知识的转移。在教育教学实践活动中，一名导游教育教师应该做到书能成文、言能达意，能够与学生进行良好的互动交流，从而完成知识在师生之间的增值性转移。

教师在向学生传递知识时，应该将板书的作用充分发挥出来，要对板书提起重视，要对板书的设计进行不断研究。除此之外，教师还应该在教学实践中对现代教育技术进行合理运用，在教学情景中也应该具有人际协调能力。

（3）教学反思能力

教师应该成为"反思型的实践者"，导游教育教师也应该如此。导游教育教师在教育过程中应该对自己教育教学的行为进行不断反思，不断改进自己的教育教学工作，不断积累新的经验，从而让自身的教育实践能力得到有效提高。导游教育教师具备了反思能力，就能够用批判者的眼光正确审视自己在教育教学过程中的行为，并且能够将思考的重点由外在的教学行为向教育行为内含的教育目的、课程原理和教学观念上进行转移；能够对各种教育理论的特点进行比较和分析，能够用质疑的态度对待各种观点，并能够对这些观念进行正确的衡量从而选择正确却的观念来指导自己的教育行为；对于教学中出现的问题，能够从多种角度进行深入分析，并提出合理的解决方案；在面临决策时，能够不局限于一种思维，而是将自己的思路完全打开，从而思考出多种行为和方法以供选择；面对情景变化时，能够对自己原有的决策和行为进行及时的调整和改进，能够对教学行为本身和行为背后的教育理念进行深入思考，也能对教学行为带来的后果进行多角度分析，能够对教学行为背后的伦理价值进行思考。

（4）导游业务实践操作能力

导游业是一项综合产业，主要是为旅游人群提供服务。从业人员必须具备扎实的导游专业基础知识和熟练的操作技能。与此同时，从业人员也应该具有面对实际问题和突发事件能够很好处理的能力。导游学科理论知识的学习最终是为了学生在实践中应用这些知识，并收获一定的效益，因此对于导游专业教师来说，他们应该具备一定的实践经验，在教育教学过程能够让学生身临其境，而不是单调枯燥地照本宣科。专业教师不仅应该具备扎实的专业知识，还应该具备高超而熟练的实际操作能力，在教学过程中既能向学生讲解理论知识，又能向学生进行示范演练，这样能够帮助学生解决实际遇到的问题。

3. 专业道德

专业道德是导游教育教师在承担职业角色过程中必须具备的，是人们应该具有的良好个性特质和思想道德品质之外的专业情意和职业道德。

（1）专业情意

专业情意是指导游教育教师对旅游专业、导游教育教学应具有的一种深厚的感情，这种深厚的情感为导游教育教师在导游教育教学工作中的投入提供了强大的支撑。教师拥有了较高的专业情意，才能对学生进行感染和引导，让他们对导游专业怀有热爱之情。

导游教育教师的专业情意主要体现在四个方面：一是专业理想，是指导游教育教师在教育教学过程中对优秀专业工作者的一种向往和追求，专业理想能够对导游教育教师专业发展提供很大的推动力；二是专业情操，是指导游教育教师对导游教育教学工作做出的理性价值评价过程的情感体验，专业情操是导游教育教师职业价值观构成中的基础；三是专业性指向，是指导游教育教师成功从事教学工作所应具备的人格特征；四是专业自我，是指导游教育教师个人对自我从事的教学工作的感受、接纳和肯定的心理倾向，导游教育教师的教学行为和教学效果受到这种倾向的显著影响。

（2）职业道德

职业道德是专业领域对社会道德原则和道德的体现和需求，优秀职业道德的感染力是非常强大的。《公民道德建设实施纲要》指出，职业道德是所有员工在职业活动中应该遵循的行为准则，涵盖了从业人员和服务对象、职业和职工、职业和职业之间的关系。在教育活动实施过程中，职业道德是所有教育工作者必须遵守的道德规范和行为准则，也是所有教育工作者应该具有的道德观念、情操和品质，是教师教育素养中的核心内容，是教师的立身之本、立教之基、育人之源。旅游教育教师具有了崇高的职业道德，就能够对自己的教学工作持有忠实和积极的态度，能够做到以学生为本，为不断提升学生精神境界提供有力支撑和保障。

导游教育教师职业道德的基本要求有以下内容：对人民的教育事业抱有忠诚态度，对社会主义的教育方向坚决贯彻实施，对党的教育方针全面贯彻；树立育人为本的形象，全面关心学生成长，热爱学生、尊重学生，公平公正地对待每一位学生；志存高远、爱岗敬业、忠于职守、乐于奉献，自主履行教书育人的神圣职责；品德高尚、为人师表、以身作则、言传身教；务实求真、勇于创新、严谨治学、团结协作。其中，最重要的是热爱旅游教育事业和关爱学生。

三、导游教师队伍专业化建设的基本原则

（一）专业师资建设适度超前原则

在导游教育中，导游师资是主要承担者，因此要从管理思路、资金投入、政策措施等方面保证导游管理师资建设的适度超前，力求导游人才总量对师资的需求与导游专业教师数量相适应、导游人才结构与导游师资结构相协调，从而保证导游人才素质的提高与导游业快速发展的要求同步，实现导游人才资源持续开发与导游专业长期稳定增长的良性互动。

（二）专业性与基础性相结合原则

在导游教育实践办学中，师资来源要非常广泛，不仅应招聘高学历的高校毕业生作为导游教育教师，还应积极聘请导游企事业单位的行业专家和有丰富实践经验的专业技术人员作为学校的兼职教师，让导游的理论与实践有机的结合，这对教学和实践的结合发挥着重要的促进作用；与此同时，应该帮助已经在校的教师提高实践能力。这样不仅可以将教育与社会、学校与企业、理论与实践之间的距离进行有效缩短，还可以将专业化教师队伍的来源渠道进行拓宽。

（三）全面性与重点性相结合原则

从教师培养对象层面来看，教师培养工作的开展是面向全体教师的，因此，对于导游专业教师的培养应该做到让全体教师都能够得到被培养的机会。除此之外，师资队伍建设方面的资金是有限的，应该对导游专业教师的培养做到突出重点，有针对性对教师进行培养，从而将把资金投入在教师培养工作中的导向性和激励作用有效发挥出来。

（四）多种形式进行培养的原则

对于导游教育教师的培养，学校应该逐渐建立起一套培养体系，这套体系应该是高效的，是与本专业实际情况相符的。

第一，对于高学历毕业生到高校任教的导游教育教师，学校应该对他们的实践能力加强培养。学校可以每年挑选部分教师前往国内知名旅游企业或者行政管理部门进行专业实践，增加他们的实践机会。

第二，对于来自旅游企事业单位的教师，学校要增加他们对旅游教育理论的学习和对教学基本功的训练，为他们提供学习的机会，有效提高他们的教育学术水平。

第三，建立继续教育的培训制度。学校根据教师的实际情况制定相应的培训计划，让不同的教师得到适合自己的培训机会。学校可以让教师到由教育部批准的导游师资培训基地进行培训，也可以邀请一些专家或者专业技术人员对他们进行培训。

四、提升导游专业教师专业能力的路径

（一）构建理论与实践相互衔接的教学团队

为提升教师的专业能力，有必要在高校院系内部构建新型的教学团队。术业有专攻，每一个老师的兴趣点和研究重点不一样，有的侧重于纯理论的研究，有的侧重于应用转化研究，有的熟悉学术前沿的新成果，有的了解企业行业的新动态。这样由各有所长的老师组建成一个或几个教学团队，就可能达到"1+1>2"的效果。

第一，团队成员之间需要加强相关课程的衔接研究，打破各门课程之间的人为壁垒，使各种相关的知识相互融通、相互印证，丰富老师的知识内存，拓宽其理论视域，增强知识储备的完整性和系统性。这不仅可以加大教师课堂教学的信息量，活跃课堂教学氛围，还能让学生所学的知识相互关联，形成融会贯通的知识体系，使死的知识变成活的学问。

第二，在教学团队集体备课、互相研讨的过程中，各个老师可以进行专长分享，既可获得取长补短之效果，使学术性强的老师更多了解实践方面的情况、实践性较强的老师加深理论方面的修为，又可以通过深入平和的探讨，使教师个人的专业特点得到更充分的展示和加强，从而促进教师专业素养的快速提升，争取形成一支一专多能的优秀教师队伍。

学校领导和院系负责人要敢于突破传统的教研室设置惯例，在认真分析各课程之间的关联性和各老师之间的专业互补性的基础上，出台相关的政策措施，引导和激励教师自行组建科学合理的新型教学团队，并为教学团队提供必要的场地、资金和设施支持。

（二）搭建教学与实践能力双提升的应用平台

教师专业能力的提升需要相应的平台，如何搭建这样的平台也是一个值得各个高校认真思考的问题。

1.搭建好培训交流平台

定期举办学校与当地经济建设、学校与地方文化、学校与当地教育事业等方面的论坛，就高等教育导游专业问题加强交流探讨；督促相关老师根据培训要求，

深化专业理论，研究现实问题，提高理论水平和解决实际问题的能力。

2. 搭建好创新创业平台

制定鼓励和规范教师去导游单位兼职的政策措施，完善有专长和管理能力的老师领办或创办经济实体的制度机制，激励广大老师主动参与创新创业，使之在实践中增长才干。学校应当为教师参与创新创业提供便利的服务，激活隐藏在教师身上的知识和能力要素，加快科学技术向生产力的转化。

3. 搭建好进修深造平台

高校为地方提供高质量、宽领域的服务，需要有一批理论研究和实践能力优秀、具有地方企事业单位所不具备的专业理论和技术优势的教师群体。结合学校的导游专业建设，面向地方产业升级和社会建设的需要，学校可有针对性地选派老师去国内外著名的学府和企业进修深造，提升他们的理论造诣和专业技能水平。

（三）创建传承与创新相统一的课堂教学模式

提升课堂教学能力是高等教育导游专业化师资队伍建设的当务之急。教学是学校培养人才的最主要方式，教学能力是教师最根本的能力。

1. 在深化课堂教学改革中提升教学能力

和基础教育比较来看，高等教育更应该具备课堂教学改革的条件；从可能性看，学生的综合素质比较高，没有升学率的压力，没有海量的作业和考试；从必要性看，大多数高校的学生毕业后将直接进入社会，大学是他们在教师教导下增强独立思考和独立处理问题的能力、增强自我学习与自我管理的能力、增强理论联系实际的能力的最后平台，他们的个人能力和人格的成长比掌握一些抽象的概念和公式更加重要。但可能性和必要性并不代表事实，高校课堂教学改革无论从氛围还是从效果看，都滞后于基础教育。要提高教师的课堂教学能力必须改变教师的教育理念，把教学对象当作灵动的生命个体，而不是只接受知识的容器，他们也有表达自身观点、意见的愿望；要改变教师的教学方式，不是让学生被动地接受，而是启发学生的思维，调动学生自主学习的积极性和内在潜力；必须改变教师的教学角色定位，把课堂的主体地位还给学生，把每堂课的大部分时间留给学生，让学生自主探究、相互交流、自我展示。学校应当坚定推进课堂教学改革的信心和决心，给教师提供课改的压力、动力和平台。

2. 在传承和发扬优秀教学传统中提升教学能力

中华民族就积累了许多教书育人的经验，中华人民共和国成立后也有许多成功的教学方法，特别是很多高校在兴办师范专科教育时创造了许多独到优秀的教学方法，这些都是十分宝贵的教学经验，现代教师应当认真继承和发扬，同时应不断丰富新时期教学手段，如教学相长，把优秀的传统教学手段与课堂教学改革有机结合起来，这是提高教师教学能力和教学效果的最佳选择。

（四）筹建教学与科研良性促动机制

在一些高校中，存在不同程度的教学与科研相脱节的现象。有的教师教学能力强，所上的专业课很受学生欢迎，但对课题申报和学术研究不感兴趣，多年不发表科研论文；有的教师则一心一意搞课题、发文章，把教学当副业，课堂教学质量一直徘徊不前，在学术研究中，这些教师围绕教学过程中碰到的问题申报课题立项的少，把科研成果运用到教学中去的更少。因此以科研推进教学，以教学促进科研，形成教学与科研的良性互动机制，应该成为高校教师提升教学能力的重要措施。

1. 鼓励教师围绕教学教法生成和申报课题

让高校教师认真研究当前导游专业学生的个性特点和兴趣爱好，研究教学方法与新时期人才培养目标的适配性，研究如何运用新媒体丰富教学手段，提高教学效果等。对这类课题高校可以提高课题经费的配套比例。

2. 引导和促使教师教学与科研协调发展

对于热心教学、科研能力相对较弱的教师，学校应鼓励他们做一些课题研究，并定向安排一些校级课题请他们研究；对于那些对教学不感兴趣的教师，学校应通过督导等手段促使他们把一部分精力用在提高教学能力上来，引导他们把科研的热情和智慧与改进教学方法有机结合起来，以此实现两种类型的教师优势互补，可以促成其结对帮扶，取长补短。

3. 保证年轻教师有适当的学习研究时间

一些高校中青年教师承担了大量的教学工作，加之他们的家庭负担较重，用于科研的时间和精力较少，导致其既没有时间补充新的知识、优化知识结构，又没有时间静下心来研究一些学术问题来改进教学方法。长此以往，不仅其教学科研能力无法提升，而且其教学热情和职业幸福感也会逐年下滑，这对高校的持续发展是十分不利的。

（五）重建知与行相统筹的评价体系

科学的评价标准可以使教师专业能力得到提升。对于高校来说，制定完备的教学质量评价体系，是围绕转型发展提高教师专业能力的重要手段。

第一，在评价体系中适当加大实践能力的权重，彻底改变过去以发表多少论文来衡量教师能力强弱的做法，把教师的实际操作能力、科技转化能力和组织管理能力纳入考评内容，细化评价标准，保证教师的实践能力得到应有的重视。同时也不能矫枉过正，忽视理论修为的重要性。

第二，根据评价要求不断完善考评机制。教师实践能力的内涵比较复杂，主要有实践创新能力、指导学生实践的能力、科技成果转化应用能力等，相互之间要有一个相对公平的分值，既要考虑实际效果，也要考虑过程，既要考虑经济效益，又要考虑社会效益。为确保考评的公平公正，评委的组成要有教师、学生、企业行业的专业人员参加。

第三，强化考评结果的运用。高校要把考评结果与教师的评先评优、晋职晋级、绩效工资、进修培训等内容挂钩，严格兑现，拉大不同能力、不同业绩的教师之间的经济和政治待遇的差距，打破平均主义的思维和做法，真正发挥考评的导向激励作用，促进老师专业能力的不断提高。

（六）兴建名师与后学相促进的成长模式

在高校的教师群体中，有一批思想活跃、充满朝气的年轻老师，也有一些教学经验丰富、科研成果丰硕的老教师。他们各有所长、各有所短，在日常的教学科研中表现出明显的互补性，但这种互补或者合作，都是自发的、随意的，缺乏相应的规范。学校应当把这种互补或合作用制度的方式固定下来，使之成为培养年轻教师成长、提升其教学能力的重要途径。

1. 建立高校名师工作室

在本专业遴选几个在圈内有一定的影响、教学经验丰富的教师组建若干名师工作室，若校内暂缺这样的人才，也可以从校外聘请名师组建工作室。每个名师工作室配备一定数量的年轻教师，借用中国民间工艺传承的师徒制模式，由名师对年轻教师进行带班授艺。这种模式相比于一般的行政或学术上的隶属模式，其传承意味更加浓郁，更能密切两者相互之间的关系。

2. 明确名师的责任和权利

名师可以请工作室的其他成员作为助手，为自己的教学科研提供必要的帮助，在共同的事业追求中加深理解，增进默契，名师有权淘汰责任心不强的成员，同时名师也有责任帮助他们提升教学科研能力，把自己长期积累的研究方法和感悟传授给他们。学校要建立健全的名师工作室制度，把培养后学的成效视作名师工作室考核的重要指标，对工作室成员教学科研能力提升明显的名师给予相应的物质奖励，对于只讲权利不讲责任的名师，学校可取消其资格或撤销其工作室。

3. 为名师培养后学提供良好条件

名师工作室的最主要的任务是手把手培养教师，学校有责任和义务给予必要的支持。学校每年安排一定数量的名师工作津贴，并为名师工作室配备相应的工作经费，对成效明显、业绩突出的名师工作室给予奖励，对"带徒"有功的名师在职称晋级和绩效分配上给予关照。

（七）优化教师队伍结构

推进教师队伍结构改善，学校必须统筹兼顾，科学决策，明确思路，统一思想，形成合力，务求实效。

1. 坚持以学科专业建设为核心

师资结构调整必须以学科专业为依托，紧紧围绕专业建设来展开。如果脱离学科和专业建设来调整师资队伍结构，师资队伍就会失去着力点和实际归宿，必然成为无源之水，无本之木。学科和专业建设是调整师资结构的主要依据，也是检验师资结构调整是否到位、效果是否明显的唯一标准。师资结构调整必须始终适应和满足学科专业结构调整的需要。因此，在调整师资结构的过程中，应当建立健全如下机制：

（1）敏捷的社会需求反应机制

对于传统的专业和课程设置，学校应该有所突破，不能局限于其中，要建立一种面向社会需求的、反应敏捷的调适机制，这对高校导游专业课程设置和专业调整发挥着至关重要的作用。高校应该组建一支专业的团队，从而系统分析导游产业的形成与发展情况，加强研究区域经济的发展方向，积极参与地方经济和文化建设，有效把握国家产业布局和发展趋势以及区域经济特点，为学校专业和课程调整提供良好的现实依据。各个院校只有与国家和地方的经济文化建设进行深入融合，才能对本院校的学科和专业布局进行合理的规划和确定，为学校教师队伍结构的调整发挥引领作用。

（2）有效的专业创新机制

高校要发挥为地方经济社会服务的职能，在专业建设上应当具备较强的社会适应和创新能力。高校对导游产业和新的人才需求导向不仅要有敏捷的认知和把握能力，还要有快速的行动力。这种行动上的敏捷既需要一支高素质的适应能力超强的教师队伍做保障，同时也能够进一步促进教师队伍结构的优化。

2. 坚持以动态化管理为手段

优化教师队伍结构实质上就是打破原有的固化结构，突破原有体制机制的藩篱，清除一评定终身的陈规，构建充满活力的动态师资结构，让各种要素自由流动、各类资源活力迸发。而如果没有管理上的创新做保障，教师队伍结构优化就只能是一个美丽的"童话"。

（1）职称能上能下

长期以来，高校教师的职称都是"单行道"，只能上不能下，职称是每一个教师最大的追求，也是最好的保障。很多教师开展教学只为攒够课时量，申报课题撰写论文只为迈进职称晋升的门槛，一旦目标达到，便无意关注科技前沿、更新专业知识、拓展专业领域、提升专业能力。因此，只有开通职务既能上也能下的路径，根据考核教学业绩和科研成果，对无所作为的教师实行高职低聘的政策，才能激活他们的内在动力和内在潜力，也才有可能使其在师资结构调整中具有更大的适应性。

（2）职务能升能降

由于官本位思想的影响和一些院校行政权力高于学术权力的现实，很多教师期望通过各种途径从教学岗位转到行政管理岗位，并行使相应的管理职能权，甚至一些功成名就的教授也放弃学术研究跻身于行政管理行列。实际上，即使在高校这种行政色彩相对淡一些的单位，也一直保存着职务能升不能降的传统，导致行政职务也成了安稳的"避风港"，成为很多教师向往的栖身之所，以便教师在这里既能掌握一定的资源，又能避免学术科研的竞争压力。一些学术能力较强而管理能力不足的教师也想方设法往行政岗位转，这就导致原本不多的老师资源被浪费，行政管理效能又受到影响。所以，学校应加强对行政管理人员的目标管理考核，对不能胜任本职工作的管理者实行降职处理，让行政管理岗位也经受风评和考核的检验，使行政职务不再成为人人向往的"避风港"。如此便能较大程度地提高管理效率，减少行政人员数量，让一些优秀教师重新回到教学一线，提高地方本科院校教书育人的整体水平。

（3）岗位能少能多

总体上教师资源的相对稀缺是优化师资结构的最大制约，这种稀缺既表现为导游专业在人才引进时选择度不高，一些急需人才资源稀缺，难以引进，也表现为受人事编制限制，校内的专业教师数量不足，加之学校面面俱到的管理系统占用了较多的事业编制，在一定程度上加重了专业老师总量不足的程度。由此来看，根据学科专业建设的需要来优化师资结构无疑是一项难度极大的工作。要实现师资结构优化的目标，最有效的方法就是提高能力复合型老师的比重，让大多数教师具备一专多能的素质，既能在某个岗位做出骄人的业绩，又能胜任其他有一定关联性的岗位，只有这样学校才能在培育专业的过程中得到及时有效的师资保障。学校一方面应当引导和鼓励教师关注产业发展和科技前沿动态，突破学科和专业壁垒，加强相关领域的课题研究和技术攻关；另一方面要加强教师的培养培训，根据学校发展规划和专业建设重点，提前安排教师进行新知识、新技术和新能力的培训。对于专业调整之后的富余师资，学校也要通过进修培训，使其找到并胜任新的工作岗位。

3. 坚持以教育发展规律为遵循标准

优化教师队伍结构必须严格遵循高等教育发展规律，既不能照搬照抄其他行业和部门的做法，也不能搞长官意志和轻率决策。

（1）坚持眼前与长远相结合

优化教师队伍结构，一方面要着眼当前，按照问题导向思维，解决好教师队伍结构失衡、效率低下的问题，特别要化解好学校教师资源不足和浪费严重、"产能过剩"和有效供给不足同时存在的矛盾，以优良的师资结构来提升育人质量和办学效益；另一方面又要放眼长远，把握经济社会发展趋势和变化规律，把握高等教育的发展方向和内在规律，让思想观念紧跟时代发展的步伐，用前瞻性思维来谋划专业布局和师资结构，防止结构调整大起大落。

（2）坚持坚守与应变相结合

教师队伍结构优化调整应当坚守高等教育的话语体系，用符合高等教育规律和高知识群体特点的思维和方法来推进，不宜完全套用市场经济的方法和物质刺激的手段；应当坚守本校的办学特色，以学科特点和专业特色为基础，打造独具特色的师资队伍结构，不宜东施效颦、丧失本色，导致师资结构大众化和同质化。与此同时，又要用开放和开明的心态谋划师资结构，善于和勇于吸纳新的资源，吸收新的理念，吸取新的经验，因势而变，顺势而为，使师资队伍结构与时俱进，充满活力。

（3）坚持实际与创新相结合

实事求是、从实际出发是马克思主义的思想路线，也是优化教师队伍结构的基本方法。一方面打造优良的教师队伍结构，要立足于学校的实际，包括办学条件和教师队伍实际情况，循序渐进，协调推进，切忌贪大求全、好高骛远、急躁冒进；另一方面又要大胆创新，在路径上、方式方法上独辟蹊径，根据不同的情况、不同的对象和不同的问题采取不同的方法和措施，因时施策，因事施策，切忌简单粗放。

4. 坚持以服务促优化为原则

教师队伍结构的优化既要有科学求实的精神，又要有服务至上的理念。过分强调行政推动力和制度约束力，而忽略高校和专业自身的特点、放弃服务师生的基本宗旨，是无法实现优化教师队伍结构目标的。以提供优质服务为手段，激发教师的主动性和创造性，是教师队伍结构优化的最佳路径。

（1）寓服务于以人为本之中

确立以人为本的思想，是开展优质服务的逻辑起点，一个以物为本或视人为物的管理者是不可能产生服务意识的。在优化师资结构过程中，必须突破把人与财、物并列起来作为管理对象的传统思维，突出人的主体性和主体地位。教师队伍结构优化要让教师在各个岗位上都能有所建树，必须激发和保护好教师内在的主动性和创造性，否则师资结构的调整只能成为一种摆设。把教师作为学校学科专业建设和优化师资结构的主体，竭诚为他们服务，是激发和保护他们主动性与创造性的唯一途径。

（2）寓服务于民主决策之中

无论是优化学历结构还是职称结构，抑或是打破血缘、地缘结构，每一项政策措施的出台，都要尊重和保护教师的知情权、参与权和决策权，坚持人格平等、相互尊重，通过平等对话、沟通交流，达到集思广益、科学决策的目的。教师参与决策，并不只是起着提建议、谋良策的作用，更重要的是统一认识、达成共识、推动落实。如果仅仅把教师当成执行学校政策规定的工具，那么再好的决策都难以落到实处，难以达到预期效果。

（3）寓服务于竭诚为教师排忧解难之中

受办学条件和经济实力的制约，高校相当一部分教师的工作和生活都存在一些不尽如人意之处，师资结构调整还会给一部分教师增加新的困难和困惑。如果我们只两眼盯住前方的目标，而不顾后面留给教师的困难和问题，那么这样的进步是走不了多远的。只有"瞻前顾后"、协同推进，才能获得成功。所以对师资结构调整过程中出现的矛盾和问题，特别是教师遇到的困难，学校应当高度重视，及时主动为他们排忧解难。对于那些因能力或业绩不能胜任本职工作而受到降级降职的老师或管理人员，学校要因人而异，有的放矢，用不同的方法，有针对性地帮助他们卸掉包袱，为他们提供新的创业机会和事业平台，以和谐安定的干事环境保障师资结构调整工作的顺利进行。

第三章 职业导游人才培养路径

时代在不断地变化，社会对导游人才的需求也不断发生变化。本章主要从智能时代职业导游人才培养路径、"互联网+"时代职业导游人才培养路径两方面对职业导游人才培养路径进行详细的论述。

第一节 智能时代职业导游人才培养路径

一、智慧旅游概述

科技是推动社会变革的重要力量，也是改变人们生活方式的重要力量。造纸术、印刷术的普及打破了知识的阶级垄断，让阅读成为人们的基本权利；电报、电话让远程信息瞬间可达，距离不再是限制人们交流的重要因素；网络数据库搜索让人们可以用最少的时间代价获取最多的知识信息；智能手机让人们可以随时随地远程交流、远程阅读、远程获取信息。4G手机的普及让人们随时随地获取信息，也让旅游者能够从容地应对旅游信息非对称问题，让游客的旅游过程体验质量不断攀升。随着5G时代的来临，信息科技进一步普及，智慧旅游将以全新的面貌呈现在世人面前。未来信息技术创新应用将成为旅游活动的核心部分，智慧旅游贯穿于旅游需求、旅游决策、旅游消费、旅游体验、旅游评价的全过程，为人们的旅游活动提供技术支撑。

智慧旅游处于旅游信息化发展的高级阶段，是将前沿信息技术变革及前沿成果积极融入旅游产业发展的产物。信息技术及其应用的进步是智慧旅游发展的基础，它不断改变着旅游行业的服务质量、经营方式和管理手段。

（一）智慧旅游的内涵

学者在对智慧旅游的概念进行界定的同时，也对其内涵进行研究。张凌云（2012）认为，智慧旅游是旅游行业的现代化工程，是以通信技术在内的智能技术应用为支撑，为旅游者、公共服务管理机构、旅游企业提供信息服务。智慧旅游建设的目标是满足海量游客的个性化需求，实现旅游公共服务与公共管理的无缝整合，为企业提供服务。李云鹏（2014）将智慧旅游的内涵界定为三个方面：旅游信息服务、泛在化、旅游者个体。他认为信息服务智慧旅游改变了传统的信息提供方式，借助信息技术提供更加丰富、及时、满足个性化需求的信息。旅游者获取信息的渠道和手段不受时间、地域的限制，具有泛在化的基本特征。智慧旅游服务的对象是旅游者个体、经营者和监管机构，旅游经营企业通过为自助游客提供服务来获取旅游者全部旅游活动的信息数据，旅游数据库是能够更好地为游客服务的有价值的资源，旅游经营企业通过数据挖掘可以进一步提升为自助游客提供个性化服务的能力。

（二）智慧旅游的核心要素

智慧旅游的核心包括以下三个方面：一是以信息技术创新应用为基础，为旅游产业发展提供关键动力；二是能够为旅游者、旅游企业、政府监管部门等应用者提供在线实时信息服务；三是能够让旅游活动更为便捷、更具可持续性。

1. 智慧旅游的基础支撑和关键动力

智慧旅游是以信息技术应用为基础的旅游发展形势，信息技术应用是智慧旅游的基础，离开信息技术创新应用的旅游不能称为智慧旅游，不能与信息技术应用同步的旅游，也不能成为智慧旅游。目前，物联网、大数据、云计算、通信技术、移动支付等是智慧旅游的关键技术，未来这种关键技术可能会发生变化，但同步应用信息技术发展成果是智慧旅游的基本需求。同时，同步应用信息技术的创新成果，将对传统旅游行业、企业的服务模式、消费者的消费习惯、政府监管部分的监督监管造成冲击和影响，信息技术创新成果的及时应用成为旅游行业发展的关键动力，离开这一关键性动力的驱动，旅游行业将落后于服务业的平均水平，难以成为现代化服务业。

2. 智慧旅游在线实时的信息服务

智慧旅游与其他旅游形式所不同的突出特征是为使用者提供信息服务，并满足他们的信息需求，这也是智慧旅游应用的具体表现。从智慧旅游的对象看，智慧旅游主要为旅游者、旅游企业和政府监督机构提供服务。有学者认为，智慧旅游能够更好地为旅游者的旅行活动、旅游中间商提供服务，也可以更好地与企业的经营活动、旅游景区运行管理活动和政府监督服务活动进行关联，从而满足旅游者、景区、旅游关联企业和政府监督部门的信息需求。从智慧旅游信息服务的内容来看，智慧旅游所提供的信息应该具有实时化、数字化和互联化的特征。有学者提出泛在化信息服务，认为目前旅游信息相互不联通，需要通过智慧旅游信息平台的整合达到信息互联互通的目的，让游客可以随时随地地获取旅游服务信息，让旅游企业的交易实时互动，让政府实现动态监管，所有这些均需要数据实时在线，才能满足应用者的信息需求。有学者认为，智慧旅游从服务旅游者的角度可以提升旅游服务、改善旅游体验；从改善企业管理的角度可以创新旅游管理、优化旅游资源利用、增强旅游企业竞争力；从改善旅游行业发展环境的角度可以提高旅游行业管理水平、扩大旅游行业规模、推动旅游行业现代化。

3. 智慧旅游对旅游产业发展的引领

智慧旅游的核心是科技应用。将信息技术融入旅游产业中来，这样能够培养和改变旅游的消费习惯，将旅游产业引入新的潮流。有学者认为，应提升旅游产业现代服务业的科技含量和服务质量；有学者认为，智慧旅游将旅游业与科技创新进行融合，是融合发展的典范，能够提高旅游服务质量、改变服务方式，改变了人们的旅游消费习惯与旅游体验，这成为旅游发展与科技进步结合的世界时尚潮流。随着人们对信息技术的依赖越来越深，信息技术应用发展将成为改变人们生活方式的重要力量。同样，未来旅游产业将通过手机向旅游电商获取旅游专业建议（旅游攻略）和进行交易（购买或预订）。

（三）智慧旅游的外部衍射

1. 智慧旅游推动信息技术应用创新发展

信息技术创新推动智慧旅游的发展，智慧旅游的发展也需要信息技术创新应用。智慧旅游对信息技术的需求加速了其创新应用的转化，以更符合旅游产业发展的方式进行应用创新。例如，虚拟现实技术在旅游营销宣传中的应用，进一步推进了虚拟现实技术的定制化发展；电子地图在旅游中的应用，进一步丰富了地图服务的内容，能更好地满足旅游者对附近餐厅、附近加油站等位置服务（Location Based Service，LBS）的需求；随着在线支付在国际旅游中的需求的增大，支付宝、微信在190多个国家拓展在线支付市场，推出与当地商家合作以及商品退税等迎合国际旅游购物需求的服务。

2. 智慧旅游促进旅游产业的升级发展

在旅游产业由传统服务业向现代服务业的转型升级中，智慧旅游扮演着关键性的角色，离开信息技术的同步应用，旅游产业将很难摆脱传统服务业的束缚。一般而言，传统服务业是指为人们日常生活提供各种服务的行业，如餐饮、住宿、商贸、旅游等行业。传统服务业的主要特征是劳动密集型，行业生产和发展不需要强大的技术支撑，从业人员经过简单的专业培训即可上岗工作，提供的服务主要满足消费者的基本需求，并不需要非常专业、系统的知识体系和技术支撑。随着经济的发展和服务业结构的优化，传统服务业开始向现代服务业转型，信息技术在旅游产业的管理创新和服务创新使得旅游电商、智慧酒店、智慧景区等地的服务实现了跨越式发展，部分地区实现了由传统服务业向现代服务业的转型发展，并初步实现了传统服务向高技术含量、新服务方式的转变。

3. 旅游电商推动产业链发生重大变革

旅游电商引起旅游产业链发生重大变革，主要表现为旅游中间商的变化和预订主体的变化。就旅游中间商而言，传统旅游中间商是旅行社，旅游者需借助旅行社获取专业旅游信息，如门票、交通、酒店、餐饮等预订服务，旅游景区产品销售也主要依仗旅游中间商，景区将大量营销费用花在旅游营销渠道的维护上。目前，旅行社中间商的地位日渐衰弱，"携程""去哪儿"等旅游电商强势崛起，旅游中间商正由传统的旅行社向旅游电商转变，传统的旅游批发商、旅游零售商在旅游营销体系中的作用正逐步被旅游电商所取代。

4. 旅游信息改变人们的旅行消费习惯

随着科技应用的普及、信息搜索的便捷以及大数据的支撑，人们能够十分便捷地获取潜在旅游地的丰富信息，能够随时随地了解潜在旅游地的交通、住宿、餐饮、娱乐、社会文化等动态信息，为更理性地选择旅游目的地奠定了信息基础。

同时，城市自助旅游中便捷的交通换乘体系、随时随地进行住宿、餐饮、娱乐的预订体系、丰富的自驾车地图信息等，不仅为人们便捷旅行提供了多种便利，还逐步改变人们的旅游消费认知、旅游消费习惯和旅游消费行为。未来，旅游将成为人们日常休闲的核心组成部分、成为人们生活的必需品的发展趋势所受到的信息等技术进步的影响必将越来越大，智慧旅游将成为旅游产业发展的方向标，起到引领、示范和推动作用。

（四）智慧旅游的优势和趋势

智慧旅游指的是旅游企业通过运用云计算、互联网、手机等移动互联网设备，与游客之间进行实时的互动，让游客能够主动获知旅游相关的信息，使之能够对旅游计划进行及时的安排和调整。对游客来说，智慧旅游的基本功能有四方面，分别是导航、导游、导览和导购。智慧旅游通过利用电子移动设备进行导航，为游客的出行提供路线规划，为游客提供目前位置与目的地位置之间的路径以及所需要的时间，让游客对自己未来的旅程能够进行很好的了解；在对位置进行确定的同时，地图上能够显示目的地周边的旅游景点、可入住酒店、特色餐馆、娱乐、车站等相关旅游信息；游客对感兴趣的信息通过点击就可以了解具体情况；游客通过旅游信息的实时了解和分析，可以直接在线预订客房和旅程票务。至于导游导览，我们可以将其看成一个在线导游员。目前，多数旅游景点为了保证多数游客的旅途体验满意度，一般允许导游采用较高的嗓音进行讲解。为了保证每位游客能够听到导游的讲解，智慧旅游采用数字导览设备，游客可以在数字导览设备上清晰地听到旅游景点的相关讲解。智慧旅游为游客提供了一个优秀的自助导游，这主要是将文字、图片、视频和 3D 虚拟现实技术进行有效结合，通过应用互联网为游客提供更多的景区信息。游客只要戴上耳机，就可以让自己的移动设备代替数字导览设备，从而获得更为详尽的具有文化底蕴的讲解。智慧旅游在为游客提供优质讲解服务的同时，还为游客节省了租用数字导览设备的费用。

1. 智慧旅游的优势

智慧旅游的优势主要体现在以下几方面：

（1）智慧旅游指挥中心可以 24 小时不间断地运行，使各类智慧旅游平台的优势显现出来，如景区客流动态监测系统、远程视频监控系统、旅游车辆定位系统、住宿业管理系统等，对主要景区、游客集聚场所、交通道口、旅游车辆等重点部位和环节的实时情况进行不间断的监控，能够及时发布各种旅游信息，能够对客流进行有效的疏导，保证高峰时期旅游平稳有序顺畅进行，在很大程度上提升了游客的旅游舒适度。

（2）在新特旅游产品开发的过程中，景区可以通过互联网的微博微信等网络平台进行线上营销活动，有利于景区新特旅游产品的知名度和美誉度的提高。

（3）在旅游目的地的景区、酒店、商场等地方会设置旅游查询的多媒体触摸屏设备，游客可以在设备上查询旅游相关的信息。除此之外，游客也可以在自己的移动设备上通过旅游相关应用程序对旅游信息进行查询，这些程序为游客的出行提供了便利。游客是智慧旅游的直接受益者。

2. 智慧旅游的最新发展趋势

目前，智慧旅游大大提高了游客的旅游体验。前不久国家旅游局与腾讯公司在推进"旅游+互联网"战略上达成了合作协议，目前微信智慧景区已经覆盖了大部分地区的旅游景点，致力于将全国所有5A级景区打造成智慧旅游景区，将4A级景区打造成免费WIFI、智能导游、电子讲解、在线预订、信息推送等功能全覆盖的景区，从而提高旅游的满意度和旅游体验。微信智慧景区极大地推动了智慧景区的发展。

二、智能时代导游服务的机遇与趋势

（一）机遇

首先，智慧旅游为导游服务提供了庞大的信息资源，让导游服务变得更加科学合理。组织和安排一次旅游活动，导游需要查阅大量的基础信息，需要提前搜集和整理旅游目的地的食、住、行、游、购、娱以及景区景点的相关信息，从而科学合理地为旅行者进行旅游行程安排。智慧旅游为人们提供了一个庞大的信息平台，导游能够轻松快捷地获取所需要的旅游信息，如出行路线、实时路况、停车场及车位状况、景区人流量、周边食住行游购娱等多方面的信息，从而帮助导游员合理地安排旅游行程和接待服务，也能够帮助他们科学地处理一些突发问题。

其次，智慧旅游为导游服务提供了先进的智慧媒介和智慧工具，极大地提高了导游服务的效率。例如，导游可以将旅游服务信息分享到互联网公众平台上，让所有游客可以实时接收并查看；游客也可以将自己所搜集到的信息分享到平台上，从而实现资源的共享，这大大地提高了导游与游客之间沟通的效率。目前，很多地区的旅游景区都开发了智慧旅游软件，这个软件包含了导游、导航、导览、导购等基本功能，游客在游览过程中可以在智慧旅游软件上获得旅游景点信息的讲解，智慧旅游软件为游客提供了旅游景区景点更好的讲解服务。如果游客在游玩过程中走失，智慧旅游软件还可以利用定位导航功能，对游客的位置进行快速定位，及时联系并找到游客，提高了对突发问题的处理效率。

再次，智慧旅游为导游服务提供了科学的智慧平台和智慧技术，不断提高导游服务的质量。例如，游客可以通过智慧旅游软件对目的地的景区景点和当地的人文风情进行提前了解，从而丰富自身的旅游知识，得到更好的旅游体验。导游可以通过应用现代智慧技术对游客潜在的需求进行分析，从而为游客提供更好的个性化服务，也可以在微信、微博等平台上与游客进行及时的交流，对游客的需求进行实时的了解，并尽可能地满足他们的需求，极大地提高服务质量。总之，智慧旅游时代为导游服务提供了许多智慧技术和智慧工具，导游利用这些智慧工具和智慧技术，可以有效提升导游的工作效率，提高导游的服务质量，为游客提供领他们满意的个性化服务。

（二）发展趋势

1. 定制化

目前，传统旅游的方式已经无法跟上时代发展的步伐，也无法满足人们日益增长的个性化旅游需求。在这样的背景下，出现了定制旅游，就是根据消费者的需求和喜好为消费者定制令他们满意的旅游行程，为他们提供定制化、差异化、个性化的旅游服务，这与市场的发展趋势和潮流是相适应的，是一种市场新宠。智慧旅游具有智能化、个性化的特点，游客在旅游过程中具有较强的自主性，游客的食、住、行、购、娱等在传统旅游中被统一安排，现在游客可以利用智能设备按照自己的意愿进行自主选择。目前，我国旅游市场的主力军是年轻的游客，他们的消费需求呈现出多样化、个性化的趋势，对旅游目的地的食、住、行、购、娱等越来越倾向于自主个性化。随着自驾游、自助游的发展，游客对于传统导游服务的需求越来越少，游客逐渐倾向于旅游定制服务和旅游顾问服务。因此，智慧旅游时代，导游服务转型发展的基本趋势是定制旅游。

2. 专业化

在智慧旅游时代背景下，导游不仅是旅游达人，还是旅游顾问，为旅游者提供的服务应该是更为专业化的。例如，在传统旅游中，导游需要对游客面对面地讲解旅游景区景点的知识，但是现在多数景区都有智能讲解设备，实现了导览定位自主化和导游讲解自主化。因此，智慧旅游时代导游人员的讲解内容要更为全面深刻，不仅向游客讲解景区景点知识，还要深入介绍景区景点所在地或所在国家的基本情况、政治经济、文化底蕴、民族风俗等，从而与智慧导游软件讲解的内容有所区分。导游人员在讲解过程中，要运用生动形象的讲解形式，尤其是在讲解人文类景区景点的过程中要古今结合，所运用的语言应该是通俗易懂、幽默诙谐的，从而把历史故事栩栩如生地展现在人们面前。因此，在智慧旅游时代导游人员应该具有丰富的景区景点知识，对旅游目的地人文、历史、地理、民俗和经济社会发展情况有深刻的了解，这样才能更好地满足现代游客的需求，提升游客的体验感，将导游服务的价值和意义充分体现出来。

3. 智慧化

随着信息技术的发展，旅游互动的便利性逐渐得到了提高，智慧旅游促进了旅游活动智慧化的发展。随着智慧旅游的发展，全国各地纷纷推出智慧导游服务平台，导游服务也随之向智能化和智慧化的方向发展。例如，2014年广东省推出了"广东智慧导游服务平台"，这是我国首个电子导游旅游平台，这个平台不仅包含了广东省A级旅游景区、全国3000余个景点的中英文等多语言语音导游服务，还将旅游景区的门票以及周边的酒店、餐饮、购物等旅游电子商务信息进行了整合，游客只需要利用手机定位和电子地图就可以进行旅游信息查询。因此，在智慧旅游时代导游可以对智能设备进行充分应用，从而实现导游服务的智慧发展。例如，在传统旅游中，导游需要为游客提供面对面的讲解服务，而在智慧旅游中，智能讲解设备可以实现自主定位和智能讲解；传统旅游中，导游需要引导游客进店购物，但是在智慧旅游中购物方式从线下转为了线上，游客在网上直接进行预定、下单，就可以将自己所需要买的物品通过快递送到家，这样不仅为游客提供了便利，也为游客节省了时间和体力；传统旅游中，导游需要与游客进行面对面沟通或者电话一对一联络，但是在智慧旅游中导游可以在微信平台上与游客进行集体沟通和群体联络。

4. 个性化

虽然智慧旅游软件和设备的导游、导览、导购和导航功能是非常强大的，但是导游人员具有更强的灵活性也更人性化，导游人员面对面的贴心服务和关怀，是智慧旅游软件和设备无法完成的。因此，导游人员要始终坚持以游客为中心，尽自己最大的努力为游客提供更为优质的个性化服务。不同的游客可能来自不同的国家和地区，他们所具有的旅游目的、风俗习惯、知识水平、审美情趣、文化修养等等都不同，因此，导游人员应该注意观察每位游客的细节，根据他们不同的喜好和特点，为他们提供具有针对性的个性化服务，尽心尽力地照顾好每位游客。例如，在旅途中，导游人员应该重视和尊重游客的宗教信仰以及风俗禁忌，也应该根据不同年龄游客的特点和偏好对旅游活动进行合理的安排组织；旅途中有客人过生日或纪念日，导游人员要为游客送上最真诚的祝福；对于那些特殊群体，如儿童、老人、残障人士等，导游人员要充分考虑他们的个性化需求，让游客在旅途中感受到亲人般的关怀，让游客在旅途中获得温暖，从而使他们获得一个更为顺利和更为舒心的旅途。

三、智能时代导游职业的重要性

（一）导游职业的不可替代性

1. 高端定制满足个性需求

在智慧旅游时代，在线旅游平台能够满足游客基本的旅行需求，但是旅游平台针对的是大众，满足的是大众的基本需求，却做不到满足个体的个性化需求。游客逐渐对高端化、定制化旅游服务有了需求，因此，需要高质量和高素质的导游人才为游客提供个性化的专业服务。在面对突发状况时，导游还可以通过专业化的业务能力很好地处理，这让导游人员即使在智慧旅游时代也可以充分发挥自己的能量。

2. 移动导游传递社会正能量

随着智慧旅游的发展，"移动导游"逐渐出现在人们面前，但是移动设备要想真正替代人工服务，还需要很长的时间。目前，"移动导游"基本上还是传统导游服务的辅助工具。在多数游客的眼中，导游人员是知识的传播者，他们是知识和信息传播的媒介，具有良好的道德和职业规范，在旅途中不仅能够传播知识，还能够传递社会正能量。

（二）导游职业重要性分析

1. 导游职业对于游客的重要性

游客通过导游服务得到的体验感越强烈，在之后的旅行中选择导游的概率就越高，导游服务极大地影响了游客旅行活动中获得的体验感。导游职业中最重要的服务之一就是传达信息，多数游客在旅行中希望获得旅游目的地的名人趣事、历史文化、特色美食、风土人情等相关信息，智慧旅游虽然可以通过数据平台快速地向游客传递这些信息，但是信息传递的过程是缺乏趣味性和交流的，而导游人员可以通过生动灵活的方式将原本枯燥无味的文化传递给游客，这样不仅能够对旅游景区进行很好的宣传，还能够满足游客对知识的需求，也能够在旅途中将导游的生活服务功能充分发挥出来。导游为游客安排好食宿，能够让游客更好地享受旅途中的快乐。

2. 导游自我认同对于导游职业的重要性

智慧旅游往往比较推崇节奏较快的职业发展速度，一般会对导游内在的职业心理以及职业认同方面的研究有所忽视。在导游工作质量提升和导游职业创新发展中，职业认同发挥着极其重要的作用，积极的职业认同会让导游从内心深处认可自己的本职工作，从而让导游以更强大的内在动力来为游客提供更好的旅游服务。

3. 导游职业对于旅游企业管理者的重要性

导游人员对旅游产品进行有力的宣传和营销，为景区景点吸引更多的游客，智慧旅游对信息的交互性发挥了极大的促进作用，让线上营销得到了很好的发展。但是游客的年龄层次是不同的，线下营销的形式不能被线上营销完全替代，线下营销应该与线上营销进行结合，针对不同的年龄层运用不同的营销方式。目前，我国的团队旅游购物仍然是需要重点发展的项目，旅游企业管理者为了达到盈利的目的，一般会与导游人员进行合作。

综上可知，智慧旅游时代，虽然智慧旅游平台和设备让传统导游人员陷入严重的危机，但是纯电子信息服务的模式仍然无法完全替代人工服务，导游职业在旅游产业中仍然发挥着不可替代的作用。

四、智能时代的导游人才培养策略

（一）加强校企合作

加强学校和企业的深度合作，可以开发一些专门的旅游教学的软件。在合作的过程中，企业为项目的进行提供技术支持，高校的任务就是提供专业的教学和科研支持，这样双方都能发挥自己的优势，并形成互补，让智慧旅游的产品更早地面世。

校企合作中有很多典型的成功例子，浙江智慧旅游体验中心就是其中的代表。这个体验中心的位置设在浙江旅游职业学院，建成的时间是 2014 年 6 月 4 日，一期的建筑面积大概有 500 平方米。这个体验中心展示陈设着多种多样的旅游相关的设备和设施，包括智慧旅游公共服务平台、智慧旅游目的地营销、智慧旅游行业监管、智慧酒店、智慧景区、智慧旅行社（电子商务）等大大小小将近几十个的设备，这些设备都可以让参观人员亲身参与体验，并且人和智能设备可以互动起来是一个内容丰富、产品齐全、应用前沿的智慧旅游体验中心。

体验中心的建设其实并不只包括学校和企业的合作，政府也参与其中。高校的老师可以利用这个实地的中心进行教学，同时体验中心也可以用来进行科研实践，政府和企业、旅游相关行业的行政管理部门也可以在这里和一些相关的旅游企业进行交流合作；体验中心也是一个非常具有战略优势的智慧旅游新产品推广的平台，可以让高校的教学和科研与企业和政府多方合作，获得共赢。浙江旅游职业学院可以通过这个智慧旅游体验中心的建设推进学校师生对智慧旅游领域的感知和研究，同时建设智慧旅游体验中心也有利于其对旅游行业前沿问题的了解和相应知识的应用。高校老师也可以对行业的产业发展趋势、模式和机制等理论进行研究，促进智慧旅游实践发展，高校的社会服务功能也能得到发挥。

浙江旅游职业学院的成功先例值得所有的旅游相关的学校学习，学校要学会利用自己理论和科研的优势，加强和企业之间和交流合作，这样可以让学生通过实践了解现实的技术，利用技术来促进教学，互利共赢，比如说金棕榈企业就是根据高校的课程《智慧旅游与大数据》来提高自己的理论认知的。同时一些热门的旅游行业软件平台比如去哪儿网、微驴儿网站、一块去旅行、辛巴达旅行等所应用的现代旅游模式也是高校学习"旅游创新模式"的重要实践依据，高校的人才培养目标和方向可以向企业的人才需求看齐。

（二）适时调整人才培养目标

当前的旅游管理专业的未来就业方向仍然比较传统且单一，大部分高校认为导游方向的旅游管理专业的学生今后大多是做导游，于是就随意将人才培养的重点定在了导游讲解的技能上，认为学生在语言上精通英语和普通话就可以，还有培养学生的导游服务技能和处理突发事件的灵活应变的能力。但是现代旅游行业特别是导游行业已经随着行业的发展发生了很大的变化，智慧旅游的兴起让很多新形式的旅游方式迅速崛起，尤其是年轻人比较喜爱的自驾游、度假游、体验游等。面对多样化的旅游形式，导游单纯掌握语言技能和服务技能是远远不够的，导游服务正向技能化、多元化和个性化发展。所以，导游专业的人才培养目标应该完善，在培养传统导游讲解者的基础上，学校要努力将学生培养成旅游营销者、调研者和规划师。

1. 讲解者

智慧旅游在近几年发展十分迅速，但是智慧旅游也只是取代导游基础工作的一部分，像景点的讲解、提供一些吃喝玩乐的信息等，并不能完全替代导游的工作，优秀的导游有自己存在的价值。游客需求的多样化发展使得旅游服务也越来越向多样化、专业化与定制化方向发展，尤其是一部分高端的定制旅游项目，还是需要导游参与的。因此高校在培养导游人才的时候应该将目标定位成高素养导游人才的培养，高素养的导游能为游客提供更加优质的服务。导游的目标是成为游客旅行过程中不可缺少的帮手和朋友，并为游客提供充满人性化的服务。

2. 营销者

旅游专业的学生不仅要有导游的专业技能和素养，还要具备营销能力。智慧旅游的开启、行业竞争的加剧，都需要从业者拥有良好的营销能力，这样的人才能不被行业淘汰。学生的营销能力不仅包括通过网络或者电话等途径为游客提供信息营销与咨询，还包括为游客提供自行车、钓鱼设备等休闲设备的能力，也包括为游客提供钓鱼、攀岩、烹饪、露营等技术的能力。

3. 调研者

大数据的发展推动旅游行业向大数据的方向发展，旅游行业首先要对行业信息数据掌握清晰，采用非结构化特征的数据调研和统计是智慧旅游时代的重要手段，并且可以让信息的获取更加科学、全面和细致。另外，旅游行业也需要对旅游者个性化的心理、行为特征进行精确的把握，这些信息就需要市场调研工作来获取，并且调研结果要讲究信息的科学和全面。所以，旅游学院的培养目标还应该包括对学生调研能力的培养，使其可以熟练运用各种市场调研的方法。

4. 规划师

导游专业的人才培养应该将重点放在学生未来的发展上，让学生能够对不同地区的旅游资源、旅游产品设计、旅游服务提供等更好地掌握和认识，并且有能力参与到旅游的规划环节，努力成长为一名旅游规划师。

（三）加大课程改革力度

旅游管理专业的课程需要紧跟社会发展的潮流，智慧旅游的时代，旅游的相关专业课程应该向如下方向改革。

1. 增设相关计算机课程

作为"智慧+"发展中的重要组成部分，"智慧旅游"将通信和信息技术融合在技术发展中，旅游者可以通过智慧旅游系统的终端工具，满足自己的各种需求。智慧旅游离不开对数据的掌握和分析，数据的工作人员通过电脑技术等手段将收集来的海量相关信息进行筛选、整理和分类，这样整理过后的数据就能够更加方便、快捷地让游客在搜寻的时候获取，实现旅游信息的智能化、个人化和实时化。导游从业人员在智慧旅游时代的工作重点不仅在台前，也会有一部分在后台，所以导游必须掌握足够的电脑操作技术。当然导游只掌握电脑基础技术是不够的，还应该掌握网络营销和基本的网页设计技术。

2. 增加相应外语课程

我国的经济在新中国成立后飞速发展，尤其是在改革开放后迎来了大飞跃，人均的可自由支配收入越来越高，尤其是近几年，人们的生活水平得到提升，越来越多的人有资金保证出境旅行，出境游的规模也在逐渐扩大，已经发展到美国的1.2倍和日本的3.5倍，并且还在不断发展。出境游自然对游客的语言、异国文化和文字等有一定的要求，导游服务在出境游中发展十分迅速。导游专业的培养目标中语言是基础，导游专业应不光培养基础的英语和普通话，还应该加上热门的日语、汉语、德语、法语等语言课程，这样才能适应多元化发展的出境游。我国当前的旅游管理专业中，学生的专业英语掌握得相对不够扎实，所以应该加强学生专业英语课的教学，要增加课时，让学生熟练掌握英语的听说技能。其他的小语种课程比如日语、汉语、法语等语言要作为小语种选修课，同时学校也应该激发学生的学习兴趣，促进学生更好应对毕业后职业生涯的选择。

（四）加强学生创新创业教育

旅游行业的新发展和新趋势，再加上各类新兴旅游企业的发展，让大学生有了更多的创业、择业和就业的机会，智慧旅游的发展比传统的旅游行业更加需要复合型人才，相关工作人员既要会网络，又要懂技术，并且会创新。

大学生创业一直都是国家和政府大力支持的领域，并且很多相关的优惠政策正是面向大学生创业的。为了让学生能把握国家给予的优惠，旅游管理的院校应该加强学生的创新创业教育，这样学生即使毕业后没有选择创业，也可以更好地顺应智慧旅游新技术和新形式的发展。经过学校创业教育的学生对行业的前沿信息更加敏感，并且拥有实际操作和管理的技能，在企业和政府的指导和帮助下可以降低创业的风险。

第二节 "互联网+"时代职业导游人才培养路径

一、"互联网+"对旅游业的影响

（一）互联网孕育下旅游方式的转变

随着互联网的不断发展，团队旅游项目也发生了变革，产生了两极化发展的趋势，一方是朝着银发阶层的夕阳旅游方向发展，另一方是向国民休闲旅游发展。在相关政策和法律的影响下，人们旅游的消费形式也发生了变化，最明显的就是公务旅游消费迅速下降、商务旅游消费也走向平缓、国民休闲旅游的消费迅猛增长。这种变化给各旅游网站自助式旅游以及社交软件互助式旅游带来较大的冲击。

1. 自助旅游大行其道

团队旅游随着旅游行业的发展已经无法适应当前的环境，并且出现了很多的弊端。团队旅游大多有单调、千篇一律、乏味等问题，导游在团队旅游里面也不能很好地体现其价值。当前，自助旅游已经成为发展的大趋势，其内容丰富多变，形式也十分多样，并且自助旅游团队可以在网上开展各种话题或者建立小组，让游客交流沟通，这增加了旅行的乐趣。同时自助旅游俱乐部也随着自助旅游的发展不断地增长，为旅游消费者提供自助旅游服务。

2. 旅游电子商务蓬勃发展

根据相关研究调查来看，过去连续5年，全球的旅游电子商务都在飞速增长，已达之前的350%。尤其在欧美的发达国家，旅游电子商务发展的速度更是突出，在电子商务领域旅游的发展最快。中国的旅游电子商务虽然没有西方发达国家发展得早，但是近几年也在快速发展。

3. 电子导游引领风潮

随着电子智慧技术的发展，我国的很多景区尤其是4A以上的景区都已经安装上了电子导游的设施，电子导游在这些地区已经渐渐取代了人工导游的很多功能。所以在很多景区，人工导游的工作受到了冲击，我们可以看到很多游客身背电子设备，在各大景点自助游览。

（二）国内旅行社服务方式的转变

我国传统的旅行社经营模式是"下订单——提供导游服务——接待以及讲解——全程服务结束"，这种模式也只适合多年前的旅游行业的需求，随着我国旅游行业的迅速崛起，每年的游客数量都在大规模增长，游客的需求也在不断地变化，游客需要的定制化和个性化的服务是传统的旅行社服务模式是无法适应的，传统旅行社提供的旅游产品没有什么创新性，不存在差异性，所有的旅行社的水平都没有太大区别，竞争力趋于相等，相互之间的竞争最后演变成价格战。所以为了让旅行社能够适应旅游环境变化的需要，增加其竞争优势，传统旅行社要在服务方式上进行转型。

1. 配合自助旅游，提供多样化服务

我国的旅游市场经历了多年的发展，已经进入了比较成熟的阶段，旅游消费也摒弃了原始的杂乱无序，更加合理和理性。当代人的出游方式已经不是之前的跟团旅游了，更多游客开始自行组织出游，这种旅游方式更具自助性。传统的旅游更加趋向于半军事化和拉练式管理，就是为了游客在一定的时间里参观最多的景点，这样一来旅游自然也就少了旅行的乐趣，而且会带给游客疲惫、抵触的心理。现代旅游更加追求个性化和舒适，更多时候是一种休闲旅行。旅游消费者也可以选择更多种类的方式参与，旅游企业需要为消费者提供更加专业化的咨询服务，比如交通情况说明、现场安全防范辅导等。

2. 大力发展旅游电子商务，适量减少线下交易

目前国内的很多门户网站都有网上旅游的服务，新浪、搜狐、网易等大型网站更是设置了专门的旅游栏目，综合了国内大大小小多个旅行社的参与。新一代的旅游消费者已经习惯于从网上获取旅游信息，进行旅游咨询，并且直接在网上预订旅游的门票等。各大旅行社要紧跟这一发展的趋势，建立起自己的微商城供消费者浏览消费，或者在朋友圈加大宣传力度，在线上形成营销和服务的一系列程序。

3. 转换导游服务方式，提供分类咨询

现代旅游服务应将客户按照需求不同进行分类，并给予相应的咨询，比如说团队旅游采用全方位导游服务、自助式服务提供各种专业咨询（包括健身、安全防护等），要逐渐向咨询服务模式转变。

二、"互联网+"时代导游管理问题与创新

（一）"互联网+"时代导游管理问题

1. 导游管理体制不完善

旅游行业管理中旅行社是其中重要的一部分，导游一般都是由旅行社来委派的，这些都是有相关的法律条例来规范的，但是相关的规范条例并没有将导游的行为规范进行详细地约束，导游在工作时的各种行为的合理性和合规性没有相应条款说明，导游行为规范是旅游管理体制中的一个空白。如果导游和旅行社存在

矛盾，导游没有从旅行社中获取相应的工资和报酬，那么导游会想办法直接从游客身上获取利益，导游也就变成了"导购"。我国的旅游市场竞争日益激烈，旅行社为了获取更大的市场份额，会打价格战，压低相关服务的市场价格，而这种恶性竞争没有相关部门的监督和管理，使得市场进一步变得杂乱无序，旅行社会在给消费者或者其他关联单位让利的同时压缩导游的收入，这让导游和旅行社的关系矛盾加大。

2.导游从业人员短缺

我国旅游市场正在不断扩大，旅游行业对于导游的数量需求也在不断地增长，但是导游的培养却不能跟上需求的增长，因此很多旅行社不断降低导游的招聘门槛，导游的整体质量就会下降。素养不高的导游和游客之间的矛盾冲突不断，导致整个行业对导游的评价降低，更多的人不愿意选择导游的岗位，再加上导游的流失率也在上升，高素质的导游资源就越发少了。同时随着出境游的大力发展，提供出境游服务的导游数量更是不足，外语水平高、服务质量好的高素质导游的资源更少，甚至有的旅行社招不上导游，白白让游客流失。旅行社和导游之间的利益矛盾也使得导游行业的从业人员更加短缺。

（二）"互联网+"时代导游管理模式创新

1.明确导游管理目标

互联网的发展改变了旅游行业的发展转型方向，当前旅游管理的一个重要的问题就是旅行社、导游、游客和景区管理之间出现的各种矛盾以及整体的服务质量下降，而互联网的引入正是解决这些矛盾的关键，可以提升导游的服务质量，让游客享受到优质的旅游服务。互联网时代的导游管理不仅要规范导游行为，也应该维护导游权益。首先可以将旅游管理中的投诉管理进行完善，可以在互联网建立起多元化的投诉渠道，这样游客在感受到自己的权益被侵犯的时候可以通过投诉的方式来维护自己的权益，多元化投诉渠道的建立也有利于旅游行业对导游行为的规范。其次，针对导游的权益，要解决根本的问题。旅游相关的管理部门要对不合理的景区进行改造，对景区的不合理行为也要进行约束，严厉打击景区对游客的欺诈行为，比如说宰客、在景区销售假冒伪劣商品等。旅游行业将景区的行为和管理规范起来，无形中也维护了导游的形象，帮助导游收获良好的职业评价。

2. 优化导游管理模式

"互联网+"概念的融入使得旅游行业的产业转型加快速度，同时也对导游的管理模式进行创新和改革。首先，旅游管理部门可以利用互联网的功能缓和导游和旅行社的关系，加大旅游平台的透明度，利用各种相关的旅行社和导游的信息，通过利益的链条让两者的关系从对立转化到互相合作、共同促进；其次，针对游客的多样化和个性化的需求，互联网对海量的游客信息进行整合筛选和分类，对于有着个性化需求的游客进行专门的规划，提供个性化服务，打造符合休闲娱乐性质的旅游项目，另外旅游管理部门也可以利用互联网建立起旅游服务的平台，让消费者通过便捷、充满互动性的方式获得良好的旅游服务体验；最后，管理部门利用互联网建立反馈平台，游客可以对服务的导游进行评价，对导游起到监督的作用，这对于导游来说是一种激励。

3. 调动导游工作积极性

长期以来，导游和旅行社的关系存在着对立和矛盾，再加上制度的不完善，导游和旅行社的管理和行为常常不规范，比如旅行社为了行业竞争压低运营和产品成本，通过压缩导游的收入来弥补利益的损失，导游为了维护自己的利益也会做出一些损害旅行社形象的事。在今后的管理中，为了减少这种矛盾，缓和两者的对立关系，管理部门利用互联网依托导游的发展空间，定位好其在旅游管理中的位置，将导游的潜在价值挖掘出来，并且维护好其合法权益，让管理模式优化起来。管理部门可以根据《劳动法》的相关规定，建立起导游职业评选机制，不断激励导游提高自己的职业素养。

4. 提高导游管理服务质量

随着互联网的发展，旅游行业的不断扩张，人们对旅游管理服务的质量要求越来越高。为了满足游客对旅游行业的要求，同时也为了提高我国旅游行业的整体水平，加强导游管理服务是重要的途径。在导游的管理过程中，管理部门可以利用互联网的网络信息平台，将导游的信息整合起来，行业的重要信息比如导游证的有效期限、英语水平等都要收集，管理部门利用这些信息监督导游的行为，将整体的导游质量提升起来。管理部门还可以建立起导游综合评价系统，定期展开导游的评选活动，优秀的导游可以在评选中获取相应的奖励，从而激发导游的工作积极性。导游的工作可以在系统评选中得到认可，这可以促进高素质、专业化的导游队伍的建设，让导游的形象在全社会逐渐改善，让游客更加信任导游和旅行社。

互联网为导游管理模式的创新提供了广阔的平台，管理部门只有将导游的管理模式进行改革完善才能促进旅游产业的长远发展。导游管理模式的创新需要多方的协作努力，旅游管理部门要加强行业管理，导游也要努力提高自己的专业素养，相关的旅游企业和旅行社也要按照行业规范运行，再加上管理措施的落实，最终才能促成良好的运营环境，让旅游行业健康发展。

三、"互联网+"时代导游培养方式

（一）抓住机遇，勇于竞争

旅游服务行业第一次被明确认定为我国生活性服务行业的重要组成部分是在2015年国务院办公厅印发的《关于加快发展生活性服务业促进消费结构升级的指导意见》中，这一指导意见的颁布为旅游业带来了巨大的发展机遇。促进中国经济发展的要素中就包含旅游业，而旅游业的发展是否能够促进战略实施的成功取决于旅游业能不能抓住"互联网+"的机遇，并顺势而为。传统旅游行业正在面临行业的新生态革新，这使得旅游业也成为和互联网联系最为紧密的传统行业。文化和旅游部局长李金早曾经指出未来5年"旅游+互联网"的融合发展将有望实现"3个1万亿红利"的美好愿望，这也对未来的旅游业发展有一个新的预示：旅游业将迎来一个发展的黄金期。在旅游业管理中，让导游自由执业是其中的一项重要举措，导游的职业更加自由也就更能促进市场的活力。导游自由执业对于导游和消费者都是有利的，对于自由执业，导游不需要再和专门的旅行社签约，受旅行社的管束，只需要和旅游的网络平台建立关系，增加自身自由度，也就方便了导游的就业，也有利于其收益水平的提高。导游的自由执业的发展，促使着导游这个行业向更加专业化和规范化的方向发展。导游从业者一定要抓住互联网革新导游行业的机会，利用"互联网"思维，提升自己的现代化信息技术，不断提高自己的专业素养，这样才能在导游行业走得长远。

（二）转变观念，关注游客体验

在互联网时代，"互联网+"思维的本质是人本思想，是一种以"人的行为为

核心"的信息组织方式，强调的是个体的话语权和参与度，微信、QQ、淘宝这些手机应用的成功就印证了这一点。这些产品的设计在每一个细节上都是以人为本，注重用户体验，因此旅游业转型升级的关键点也在于围绕旅游者的核心价值开发产品和服务。利用互联网技术盘活导游资源，是一种历史的必然。旅游管理部门可以建立整合了导游信息的导游库，让游客可以在互联网上随时查询导游的信息，选择心仪的导游；也可以利用互联网技术将导游的服务流程进行梳理，建立导游奖励机制，依据游客的点评和建议提高导游的积极性，同时让导游自由执业这样可以帮助导游从人头费、垫付团款等生存压力中解放出来时，全身心地投入到游客的服务中，提升服务的质量，让游客享受到优质的服务，让导游不仅是一个旅游景点的解说者和向导，而且是友好的建议者和快乐的传播者，并最终成长为游客的旅游咨询专家。

（三）遵纪守法，诚信服务

近年来，尤其是旅游法颁布实施以前，旅游市场存在大量"零负团费"购物团的乱象，导游作为利益链条的末端和旅游服务的直接提供者，往往沦为了牺牲品和出气筒，导游队伍中确实也出现了一些职业道德沦丧的"恶导""黑导"，导游群体也成了社会舆论口诛笔伐的重灾区。随着导游殴打游客、强迫购物等负面消息的频繁曝光，游客与导游之间的关系变得很微妙，游客一方面不得不依赖导游，另一方面又不得不提防导游，双方斗智斗勇，爱恨交加。

文化和旅游部近年出重拳整治旅游市场乱象，《旅游法》《旅游经营服务不良信息管理办法（试行）》《关于打击旅游活动中"欺骗、强制购物行为"的意见》《关于打击组织"不合理低价游"的意见》等法律法规陆续出台实施，导游领队欺骗、强制旅游购物的行为一旦被认定，导游领队将被处以没收非法所得、罚款、吊销导游证及领队证等严惩措施，涉事人及行为将被列入不良信用档案并向社会公布。这些举措一方面对旅游经营者和导游群体有警示震慑作用，另一方面也能让更多的公众理解导游、支持导游、尊重导游的辛苦付出，从而让他们明白抵制"零负团费"等"不合理低价游"也是旅游者们自身应该担负起的重要责任，个体的觉醒逐渐成为抵制非法行为与社会乱象的重要力量。

导游的信息在互联网时代都可以在相关的平台上查询，包括导游的特长、人气值、带团记录和等级评定等，游客可以根据这些信息和自己的需求来选择导游。导游选定之后，系统会和执法系统、门户网站和景区的网站进行对接，完成线上的服务。自由执业导游的服务管理有新的管理办法，导游的服务酬劳是由多部分组成的，包括基础服务费、超过 8 小时以后的服务费用、导游带团基数递增费用以及游客小费。这些费用也不是固定的，导游可以根据自身的职级、特长优势、人气值和旅游的淡旺季来调整服务的价格。当然，导游的服务价格也不是随意定下的，为了防止导游间的恶意竞争、出现不合理的低价导游服务费用，行业的协会会规范这种行为，制定日常带团最低的指导价来限制各种低价行为。导游应该保持自己的职业素养，遵纪守法、诚实守信，为导游这个行业增加大众的信任感，争当文明旅游的服务者。

（四）树立品牌形象，挖掘服务稀缺性

导游在互联网飞速发展、各种智慧导游技术层出不穷的现状下要时刻保持自己的职业自信，要将互联网技术当作是一种旅游服务的辅助手段，导游的岗位是不会被这些技术所完全取代的，因为线上的服务只是线上的一种体验式消费，没有人与人之间沟通交流的温度，导游服务能够拉近人与人之间的心灵距离，给游客带来快乐和温情。因为景区旅游文化都是带有温度的文化，不能被冰冷的机器所取代。导游的未来发展方向是成为专业领域的咨询专家，而不是一个什么都涉略一点的杂家，所以只掌握一些基本的地理信息或者一些野史趣闻是不够的。我们可以预想到未来的导游就是一个超级"IP"，IP 本身就是指原创版权内容的事物，导游"IP"的特殊性在于导游能够挖掘出服务的稀缺性，然后朝着这个稀缺性深入，成为这方面的稀缺专家，比如说境外购物的超级买手型导游、宗教旅游的专家学者型导游、亲子教育旅游的家庭关系保健师型导游等。我们这个时代非常看重网上的评价，很多的旅游品牌之所以成功就是因为品牌企业将消费者的信息和需求、爱好等进行充分的调研，然后根据调研的结果结合自己的发展目标而对一部分消费群体进行线上营销，并逐渐有了自己的粉丝基础，促进品牌的生成。我们要根据现状了解到单个的群体力量是渺小的，只有将游客们集合起来，形成庞大的社交网络才能产生巨大的力量。这种营销思路在导游身上也同样适用，导游要通过自己的特长将游客变成自己的粉丝，粉丝本身就有为其代言的能力，导

游自己也可以成为一个品牌，吸引更多的游客。

比如说湖南省旅游行业就展开了一系列的活动，类似优质服务、技能比武、评比表彰等多种形式的活动，通过这一系列活动，湖南省旅游行业将一批业务水平高、先进事迹突出、社会影响广泛和群众公认的岗位明星选拔了出来。这些优秀的明星导游的成功都有共同点，他们提供的服务包括线上和线下两种方式，在服务的时候有着专业水准，真诚与游客进行沟通，让游客十分认可他们，这不但树立了导游所在企业的品牌形象，让导游自身也有了自己的品牌形象。这些明星导游都将自己的朋友圈精心经营，朋友圈里面包含了大量的粉丝，这些粉丝很多都是接受过他们服务的游客。导游时刻注意自己的公众形象和专业形象，他们中的很多人都投入了公益事业，时刻传递正能量，给粉丝和游客带去真情和正能量。

中国旅游行业在互联网的推动下正处于一个黄金的时代，其中导游从业者肩负了重要的使命，导游在时代不断的发展中不仅成为旅游资源的传播者，也是游客安全旅行的保卫者，还是旅游生产服务的协调者和执行者。导游们要抓住这次机遇，快速提升自己的竞争力，在旅游行业发光发热。

第四章 职业导游人才培养策略

本章主要论述职业导游人才培养策略，主要从五个方面展开研究，分别是文旅融合时代背景及发展趋势、文化旅游职业导游人才培养策略、红色旅游职业导游人才培养策略、生态旅游职业导游人才培养策略以及乡村旅游职业导游人才培养策略。

第一节 文旅融合时代背景及发展趋势

一、文旅产业的相关概念

（一）文化产业

文化产业在所有的产业模式中具有特殊性，因此，一般很难将文化产业的概念确定下来。文化产业中的文化既有社会价值又有经济价值，所以单独从某个方面来定义都是不全面的。

文化产业这个概念是从"文化工业"中发展而来的，"文化工业"这个概念最早出现于阿多诺和霍克海默合著的《启蒙辩证法》一书。这本书出版于20世纪中期，文中的哲学观点与19世纪和20世纪的主流哲学思想相同。作者认为，文化和艺术在某些状态下是部分相等的，因此文化在有些情况下能够对艺术起到批判的作用，但是随着时代的发展，文化已经不具备这种能力了，文化越来越商品化，可以随意买卖，文化也就失去了扮演乌托邦式批判手段的能力。因此，后来的文化和产业就形成了对立的两面，但是现代资本主义民主在解读的时候将文化和产业互解，最后出现了"Cultural Industry"——文化产业一词。

在20世纪60年代，文化工业经过法国社会家的改良演变成了文化产业（Cultural Industries）。在英文中，产业使用的是复数的描述，这是因为法国的一些产业社会学家觉得单数形式的"Cultural Industry"有一定的限制性，认为产业是所有的多种产业，单数的产业是一种单一的领域，这种单一的解释会使得不同的文化活动被迫遵循同一个逻辑，这样是不现实的，因此产业用复数表示也是文化产业复杂多样的体现。在《启蒙辩证法》一书中，作者对文化工业抱有的态度是消极的，认为文化可以买卖，文化成为商品是一种悲观的、错误的发展趋势。但是法国产业社会学家与之持有的态度是相反的，他们认为文化的工业化发展虽然促进了文化的商品化，但是这何尝不是文化一种新的发展趋势和创新呢？

文化产业的定义不能被完全确定，并且其内涵也在随着文化的变化而发生变化，这种变化也是随着不同的地域、文明和时期在进行变迁的。文化产业在不同国家的定义也是不相同的，美国将文化产业叫作版权产业，日本叫作内容产业。我国在2018年颁布的《文化及相关产业分类(2018)》标准中定义了文化产业，指出文化及相关产业是指为社会公众提供文化产品和文化相关产品的生产活动的集合。我国的文化产业在近几年正在飞速发展，也在和各种产业不断融合，文化产业的内涵也在不断发生变化。

（二）旅游产业

旅游产业和传统产业的不认同之处在于，旅游产业在创造经济效益的同时还产生了一定的社会效益，旅游产业的双面性质让关于旅游产业的定义不能被确定下来，人们因此产生了争议。

有一部分学者认为，旅游产业并不能算作一个产业，产业的划分有一定条件，要求产业中的产品是相同的或者提供的服务是相同的，并且传统的产业定义可以将投融产出精确计算并得出结果，投融产出的结果也是可以直接替代的。这种产业的条件并不能在旅游产业身上得以体现，旅游产业和传统产业就产生了很大的差异性。但是也有一部分学者认为，旅游业不应该仅仅从产业的高低来概括，旅游产业本身就是一个产业的集合，所有与旅游相关的产业都属于旅游产业。

本书认为，旅游产业既有着产业的属性，又和传统的产业不同，两者有着显著的区别，所以如果依据产业的属性来界定旅游产业就要进行一定的突破。林南枝认为:"产业是供给方生产同一类产品、提供相关服务的单位集合,而旅游产业是由需求方来决定的服务。"[1]旅游业在我国的发展一直呈现上升的趋势,尤其是近几年人们生活水平的提高,个性化和定制化的旅游需求在传统的旅游行业中得不到满足,所以就需要相关人员将旅游行业中的内涵进行补充和增加。这种情况下,旅游业不能固守传统的落后思维,单打独斗,要主动和其他产业联合起来,将产业的边界开放,增加体验、会展、养生、媒体广告、组织、配套服务等方式,整合整个行业的要素。不同的旅游相关行业之间相互融合、相互影响,最终形成了旅游产业的整个链条。旅游行业的相关专家认为,旅游产业的要素早已经不是传统的"食、住、行、游、购、娱",随着产业的融合这些要素已经变成了"食、住、行、游、购、娱、体(体验)、会(会议)、养(养生)、媒(媒体广告)、组(组织)、配(配套)",这些要素相互交织,形成了更多的行业类别,分别是游憩行业、接待行业、交通行业、商业、建筑行业、生产制造业、营销行业、金融业、旅游智业,这些行业形成一个紧密联系的旅游产业链。

(三)文旅产业

文旅产业就是文化旅游产业。如果单纯从字面意思上解释,文旅产业也属于文化产业和旅游产业的结合产业,属于复合型产业,但是其本质内涵和字面的意思是完全不同的。文旅产业是一种新型产业形态,其中的文化产业和旅游产业并不是简单地加在一起,是相互渗透相互融合的关系,文旅产业是一种综合性新兴产业。

随着经济的不断发展,人们开始追求精神和文化上的满足,希望能在旅行的时候既能欣赏到美好的景色,放松身心,又能享受到文化的熏陶渗透,这种双重需求催生出了文旅产业这种综合产业。文旅产业的内涵是文化能"旅游"、旅游有"文化"。产业之间的融合形式其实就是产业的互补和创新,文旅产业的形式在于旅游的底蕴能够被文化赋予,文化的活力能够在旅游中体现,两种产业在相互的结合和渗透中产生了大量的复合型概念。单纯用文化产业或者旅游产业的角度来解释这些概念是不够的,文化和旅游在文旅产业中已经融为一体。

文旅产业的形成并不是偶然的,是一个长期的动态过程。文化和旅游本身

---

[1] 林南枝.旅游经济学[M].天津:南开大学出版社,2009.

的关系就十分密切，但是这两者的融合却是一个漫长的过程，文化和旅游先是独自发展，之后两者慢慢接触，之后发展到文旅共生和文旅融合，前后一共经历了四个阶段。文旅融合的进程随着现代通信技术和交通技术的发展不断加快，发展至今终于形成了文旅产业。

二、文旅产业融合的动因背景

文化产业和旅游产业的共同发展催生了文旅融合。如果从哲学的角度来看，世界由物质组成，而物质之间的相互联系又推动了事物的发展。文化产业和旅游产业的相互联系推动了文旅产业的发展。从产业的角度解释，产业融合是产业之间相互渗透、相互包含、融合发展的创新型产业形态。文旅融合必然有其动因，可以从市场、需求等多个角度来看。

（一）根本动因——市场的需求

随着市场的发展，人们对文化和旅游的需求也在不断地变化，正是市场对文旅产品的需求才导致文化产业和旅游产业的融合。消费者的需求在不断变化，尤其是近几年，消费者的需求出现了多样化、个性化和休闲化等多种变化，消费者需求的升级要求市场也要随之变革。为了平衡产品的需求，市场就要生产出能够满足消费者需求的产品，维护供求平衡。市场的资源配置主要依靠市场本身，文化和旅游产业的融合正是市场配置的结果。文化和旅游以市场的需求为导向在不断地融合，并且在这个过程中根据消费者不断变化升级的需求进行调整，生产出新的符合需求的产品。产业之间的融合必然带来巨大的红利，产业效益又促进产业继续创新，在速度和深度上都推动其产业融合的发展，形成完美的封闭循环。

根据马斯洛需求层次理论，人们在满足了生存和物质的需求之后，会进一步要求满足精神上的需求，人类社会的发展也是在这种需求的发展变化中进行的。我国早在市场经济的发展下逐渐满足了大部分人的温饱物质需求，尤其是全面建设小康社会的战略目标的完成，人们的消费目标就从原来满足低层次、最基本的生活保障的需求转变为对精神文化的追求。原本的走马观花式旅游已经不能满足现代人们的旅游需求了，在旅行的过程中人们更加追求精神文化的消费。旅游产业为了满足消费者的需求就要不断地将自己的产品改良升级，迎合大众，融入文化产业，文旅融合的发展是旅游消费升级的客观需求。当前，我国旅游市场的消费主力是90后、00后的"千禧一代"和"70后""80后"的新中产，这些人大部分都能接受互联网的发展，并且其中的年轻一代更是伴随着互联网的发展成长的，所以对旅行的体验感更加要求严格。新一代的旅游消费者更加追求个性化和品质化的旅游，这种需求的升级就成为文旅产业新业态产生的核心动因，同时文旅产业也产生了各种各样的旅游产品。

消费者的精神文化需求也不是一成不变的，会在旅游的过程中不断地增加，这种变化使得旅游产业没有办法满足消费者的需求，因此将旅游产业和文化产业融合起来就是为了满足这种日益增长的精神文化需求。人们进行旅游其实就是一种对幸福生活体验的追求，体验文化幸福是文化和旅游关系的变迁，实现社会幸福是文化和旅游关系的归途。

我国的旅游产业在近几年不断发展，不仅接收了很多国内的游客，我国丰富的旅游景点也吸引了大量的外国游客前来参观，旅游的收入在GDP中的占比也在不断增加。在这种旅游大发展的背景下，越来越多的人开始追求高品质、有内容、有内涵的旅游项目，这种需求的升级促使旅游产业不得不改革创新自己的形式，提高产品的质量和品位，这种情况下，旅游产业只有将文化产业融合进来才能真正地将产业升级。随着文旅产业的升级，越来越多的具有文化内涵和文化体验感的产品被推广出来，这种文化体验感使得游客在旅游的过程中提升了自己的文化幸福感。因此可以说，文旅融合是市场发展到一定阶段必然出现的结果。

（二）内部因素——产业发展的需求

我国国人历来就对诗和远方有一种向往之情。根据产业生命周期理论，在产业的初创时期，产业的内部议案都是一种垄断的状态，所以内部的竞争基本不存在。等到了成长期、成熟期和衰退期三个阶段的时候，内部的竞争就会变大，为了维持平衡，产业就需要将一些新的外部资源引入到产业中去，但是由于内部原本的产业资源已经发展了一段时间，竞争力比较强，外部资源本身就比较稀缺，为了避免严重的内卷，也为了提升外部资源的利用效率，整体的产业就要重新做一下整合升级，这样内外的资源就可以高效合理地利用起来。我国的文化产业和旅游产业目前正处在整合的时期，因为我国的旅游产业虽然规模十分庞大，但是其本身的质量并不能跟上发展的步伐，所以就更加需要对文化产业和旅游产业进行整合。文旅融合能够让产业升级发展，并衍生出新业态，使得整体的产业面更加广泛，整体的产业链条也更加全面和精准，最后有利于现代文旅产业的体系建设。文旅融合的发展具有重大的意义，有助于解决现阶段中国社会基本矛盾和国家稳发展、调结构、促改革、惠民生战略的推进。

随着我国经济结构的转型，文化产业和旅游产业传统的发展模式已经不适用了，继续采用老模式只会增加文化和旅游资源重复浪费，所以需要新的发展模式——文旅融合将整体的资源统筹规划，杜绝资源的浪费。文化产业和旅游产业都属于第三产业，这两种产业都是为人们提供精神服务的产业，并且有着极好的发展前景，且两者本身就有着共生互融性，双方也是不可分割的。文旅之所以能够高速地融合也是因为文化和旅游之间能够互相成就。

旅游产业包含着文化的属性，所以旅游产品之中往往有文化的内涵和附加值，所以政府和企业对某处的旅游资源进行开发不仅是生态资源的开发，也是对文化资源的开发。文化高附加值的属性和旅游产品的结合提升了旅游资源的内涵和质量，使其更加具有趣味性，也促进了文旅融合业态的创新，推动了多样化的新产品的推出，比如冰雪旅游、避暑旅游、夜间旅游、研学旅游、民俗文化旅游等，整体促进了旅游业的发展。

旅游产业需要文化产业的辅助和附加值，文化产业也需要旅游产业来推动，同时旅游产业的发展也促进了文化产品的传播。旅游是外地来的游客来感受不同地域景色和文化的方法，因此游客来一个陌生的地方感受当地的文化的做法就无形中对当地文化进行了传播推广，实现了文化的传承。同时，外地游客也带来了外地的文化，促进了两种地域文化的交流，使文化有了创新的契机。要善于运用新的技术和科技手段，将更多的文化遗产、文化资源、文化要素转化为深受旅游者喜爱的旅游产品。旅游产业本身只具有经济效益，文化产业既有经济效益又兼具社会效益，这两种产业的融合可以使得文旅产业既能产生文化效益又能产生经济效益。

（三）外部因素——政策扶持与新技术推动

事物的发展是内因和外因双方共同作用的结果，内因是发展的根据，外因是发展的条件，文旅产业的发展就是在内外因的共同作用下进行的。文旅产业发展的外因在于政府的支持和新技术的推动，政府制定一系列的优惠政策和激励政策来帮助文旅产业的发展，同时现代科技创新辅助文旅产业的进步。我国从1992年开始实行市场经济的政策，对市场的调控主要依靠国家的宏观调控和市场的自我配置。政府在文旅产业的融合过程中占据重要作用，通过颁布一系列法律法规来导向文旅产业的发展方向，规范文旅产业的健康发展，同时促进内部资源的分配。文化和旅游两种产业本身就具有融合性，不仅是对对方的产业有帮助，还包括对其他产业的融合和带动的作用，所以这两种产业可以充当辅助的角色，更加适合政府的引导和推动。

政府的主导作用促进文旅产业的融合发展。在政府政策方面，政府将国务院的文化和旅游部、文化和旅游部的职责整合起来，重新组建了文化和旅游部。文化和旅游部的职责就是为了增强国人的文化自信，统筹文化事业、文化产业发展和旅游资源开发，提高国家文化软实力和中华文化影响力，推动文化事业、文化产业和旅游业融合发展。各地方政府通过其管理部门为文旅融合进行顶层设计，制定、颁布和推行实施文化旅游产业融合发展的相关优惠政策与法规，并且着力打造文旅融合的平台，加大文旅的宣传力度，积极引导人们文化观念的转变。

国务院和有关部门就文旅融合的发展制定了很多政策措施，比如《关于进一步激发文化和旅游消费潜力的意见》，这项意见提出鼓励景区建设文创商店、文化娱乐场所等文化消费的聚集地，并且对文化旅游的文艺表演方面也尽力支持，同时也要加强文化和科技与旅游的融合；《关于加快发展流通促进商业消费的意见》中关键的一点是促进夜间经济的发展，将文化旅游的空间不断拓展开来，促进流通模式、平台和业态的创新升级，形成一个综合性的新型的消费载体，将流通的环境优化；《关于促进文化和科技深度融合的指导意见》明确了文化与科技融合的8项重点任务。

我们可以从上述的几个政策和意见中提取出共同的点，就是它们都提到了科技的作用，从这点可以看出科技在文旅产业融合的过程中占据了关键的作用，是重要的推动力。创新科技的融入，让文旅产业的产品进行了升级改善，这更加符合现代旅游消费者的文化和旅游需求，比如说基于高铁、航空、移动支付、5G、超高清、增强现实、虚拟现实等技术的新一代沉浸式体验型文化和旅游消费内容，让旅游者沉浸在现代科技支持下的创新型文旅场景中，比如很多地方的博物馆都采用了数字技术，打造智慧博物馆，AR、VR、全息投影技术在文物展示方面的应用让游客徜徉在文物的海洋中。这些技术的应用和融入将旅游的范围扩展开来，也让营销的模式得到创新，即使是偏远地区的旅游资源也能依靠各种科技发展自己的特色旅游业，促进了地域之间的文化传播和传承。数字时代的来临是推动文旅融合产业发展的不竭动力，文旅产业数字化正在打破产业的边界，推动整体的产业链条更加高水平地快速发展。

（四）文旅融合的契机——经济内循环和供给侧改革

国际形势随时都在进行变化，为了应对多变的经济形势，我国要将经济转型提上日程，之前的经济过分依赖过国外的市场，但是转型后的经济要以国内市场为主，也就是经济内循环，并且双循环并行。经济内循环的主要措施就是扩大内需，增强国内的消费能力。三大产业必须协调发展才能促进经济健康发展，所以为了平衡三大产业，使得产业结构更加合理化，市场就要将第三产业的发展质量提升起来，文化和旅游都属于低耗能的产业，并且其附加值十分突出，所以要大力发展这两种产业。首先，内循环的提出促进了旅游市场的发展，让旅游市场能够可持续发展，拥有更加光明的前景；其次，文旅产业的供给侧改革由人们生活方式的转变和行业格局的变化引起。在之前，我国的文旅产业发展有一定的问题，在服务上出现了严重的逆差，文旅产品供需不平衡，国内的市场需求已经超过了文旅产品的供应，因此市场需要进行供给侧改革，无论是生产环节还是分配、流通与消费环节都要在国内市场完成，让文旅产品的供给满足国内消费者的需求，让市场形成需求牵引供给、供给创造需求的更高水平的动态平衡。

优质旅游是我国旅游行业的发展目标，而供给侧改革是实现这个目标的必要路径。市场要扩大优质产品的供给量，实现供需的动态平衡，依托文化产业将旅游产业的发展空间扩大，同时通过旅游产业实现文化产业的服务效能，满足人们更高水平幸福生活的需要。

文旅产业是人民喜闻乐见的幸福产业，文旅产业所带动的消费在经济双循环中具有重要作用。促进文旅融合的发展可以推动内需的增长、提升国民的消费水平，同时文旅产业的发展为广大人民提供了大量的就业机会，文旅融合的发展能够最终实现经济的良性增长。

由此我们可以总结出，文旅融合的发展是国民经济运行对文化和旅游两大产业提出的新要求。自 2020 年之后，国内受到新冠疫情的影响，整体经济下滑，旅游行业也受到了很大的打击，市场萎缩严重，我们面对这种打击要试着找出其中新的发展机遇，文旅产业要抓住风口迅速融合，在今后的经济发展中占据重要地位。

（五）文旅融合的新阶段——"文旅+"

文化产业和旅游产业相融合并不是这两个产业发展的最终阶段，自"文旅"概念产生以后，文旅产业的发展进入了新的发展阶段。我国的文旅产业在全国的所有产业都在升级改革的情况下也要抓住这次机遇，打破现状，文化产业、旅游产业、文旅产业、"文旅+"产业这一发展的脉络就是顺应国家和市场要求的结果。

在进入"文旅+"这个新的发展阶段，文旅产业是在文化和旅游深度融合的基础上，发展成为一个整体的产业。要使文旅产业形成一个产业整体，就要加速文旅产业的内部融合，促使文化和旅游真正达到"你中有我，我中有你"的境界。传统的文化和旅游都是分开发展的，文旅产业的深度融合就是以融合的理念为基础的。当然这种融合并不是简单地将文化中的资源放到旅游资源中进行开发，也不是单纯地将文化要素放在旅游项目中，其本质是共生共荣的发展理念。

确保了文化和旅游产业的内容深度融合之后，文旅产业要时刻保持文化产业和旅游产业的优势，将产业的边界模糊处理，加入新的产业进来，融合多个产业，在这个过程中所产生的新业态就是"文旅+"。作为文旅产业的新概念和新阶段，"文旅+"明显属于十分超前的理念。当前，我国各地发展的文旅融合在发展中已经有了"文旅+"的身影，并且很多地方已经出现了热潮。比如说沈阳市目前提出的"文商旅融合"就是"文旅+"的一种体现，也就是将文化、商业和旅游这三个概念和产业相融合，这样既能推动文化和旅游的发展，又在文旅融合基础上加入了商业价值的提升理念。但是这种"文商旅融合"也只是"文旅+"的一种模式，"文旅+"融合的项目并不是只有商业的，"文旅+"可以和很多的相关产业和理念相融合。"文旅+"融合的选择有一定的原则，就是坚持宜融则融、能融尽融，无论是工业、农业、科技还是教育、影视、演艺，等包含三大产业的所有内容都可以选择和"文旅+"融合起来。发展至今,"文旅+"的市场已经有了很多成功的案例。

产业链的整合是产业融合的最终目标,文旅融合的过程遵循的是"寻求和匹配文化产业和旅游产业价值链的契合点和融合点,有利于充分发挥文化和旅游在产业发展中的相互作用及在整个社会经济中的推动作用",[①] 这一规律也同样适用于"文旅+"的发展过程。"文旅+"与其他产业的融合也绝对不是单纯地将相关的产业和文旅产业相结合,"文旅+"的融合更重要的是将要融合的要素之间相交互的"子集"找到,其实就是寻找两者之间的契合点,然后从契合点出发再进行面的整体融合。

三、文旅融合的发展趋势

(一)文旅+金融:金融赋能文旅,助力融合发展

文旅产业的发展离不开资金的支持。根据以往的经验,很多文旅产业融合的项目之所以失败,就是因为缺乏资金的支持,并不是因为缺乏有创意的可行的优秀项目。资金支持包括项目的启动资金和项目运行过程中的资金,如果其中的任何一个环节的资金流供给不上,这个项目就会搁置下来最后夭折。项目顺利地运行需要有足够的资金,但并不是所有地区的金融行业和文旅产业都联系紧密,大部分金融机构的发展理念和文旅企业的发展理念有相悖的地方,并且文旅企业的产品并不容易在资金上量化,看不到实际的效益,存在一定的风险和运作的复杂性,所以很多金融行业不愿意为文旅企业提供资金方面的支持。

金融是文旅产业发展的支柱。作为特殊的外挂性辅助产业,金融行业必须要和实体经济相结合才能促进共赢局面的实现。文化产业的大力发展和其高附加值的经济效益和社会效益可以为金融业带来更多的资金支持,因此文旅产业和金融行业也能够依靠这种互利互助的关系融合起来。

产业融合的过程也是一个统筹发展的过程。市场应为文化产业和旅游产业的融合设置相应的领导部门,通过领导部门的统筹规划才能促进文旅融合更好地推进发展。在统筹规划的时候市场可以建立文化资产管理的职能部门和金融机构专

---

① 《学术前沿》编者. 文旅融合的理论与实践[J]. 人民论坛·学术前沿,2019(11:):4-5.

营机构来提供资金支持。建立文化资金管理部门的目的是加强顶层的设计，该部门可以在文旅政策体系方面和投融资体系方面进行管理，使得文化资产管理的工作更加有序，而加快建设金融机构的目的是通过专营机构、团队，出台政策加大金融业对文旅产业的支持力度，使金融机构有专门的窗口对接文旅产业，并尽快落实已在其他地区获得成功的金融政策。

（二）文旅+科技：打造数字经济优势，促进科技文旅创新

传统产业经过科技的推动发生了巨大的改变，尤其是文旅产业的变革是最明显的。在景区建设中，建筑布局融入了大量的现代科技，使得景点更加充满科技感，也提升了游客游览的质量，同时在景区后期的运营过程中，科技的注入也使得旅游产业产生更多的效益。

各地区的文旅产业发展应该以政府和相关企业为依托，探索文旅产业和科技融合的方法，以文旅发展为基础、文旅应用为向导、文旅企业为主体，深入实施科技创新驱动战略，构建形成结构合理、科技含量高、竞争力强的现代文化科技创新体系，推进文化旅游产业与科技的融合发展。高校和科技公司一直都是科技创新的主力，两者在推动信息技术和人才发展方面起到了关键的作用，并且将培养数字文化、人工智能、云计算、大数据放在重要位置，在技术方面致力于文化创意创作、设计制作、展示传播、用户体验等关键共性的技术研究，同时促进文化艺术、文化传媒、影视科技等关键设备与集成系统的研发，使得文旅产业催生出新的模式和业态。

但是这些企业和科研单位在运行和研发的过程中还是出现了一些问题，尤其是信息获取程度不匹配，这样就会让这些企业和单位在发展的过程中找不到支撑的技术，甚至一些单位将技术研发出来了，但是却迟迟找不到买家。基于这些问题，相关行业要加强企业和科研单位与市场的联系，建设科技创新和企业合作的平台，从文旅产业+科技的角度对待企业和科技，同时依托重点实验室、技术创新中心、新型研发机构、科普基地等载体，将网络技术、数字技术、信息技术等关键技术应用到产业升级和复兴中，这样才能将文化旅游产业的发展和科学技术融合起来。当然，我国市场的发展也需要政府的宏观调控，避免因市场的缺陷导致整体的运行出现问题，政府和行业协会应该在适当的时候介入，调控好技术匹

配这个环节，将政府打造成服务型政府，并形成一个以企业和研发机构为核心、政府和协会辅助发展的系统方式。

文化旅游的发展需要多项科技的支持，其中的文旅发展技术里最为密切的技术就是信息技术，所以文旅方面的消费者和从业者，或者是政府领导部门，在参与文旅产业活动的时候首先要搜集相关的信息，才能继续接下来的活动，这种信息的搜集活动得益于 5G 技术和大数据的应用。随着我国技术的发展，在产业融合升级方面各种技术发挥了很大的作用，在文旅发展方面，文旅和科技的融合，形成了文旅方面的信息产业联盟，无论是哪一端的链条上，企业之间都形成了一定的联系，高新技术越来越多地被利用在文旅产业的各种场景之中。不仅在企业方面，在顶层设计方面，政府通过大数据的支持设置了很多精准的扶持政策，政府利用各种信息技术能及时发现行业内的各种问题，从而快速做出应对的反应。企业的运营方面更加离不开信息技术的支持，5G 技术的支持促进了信息的流通，让企业对市场的反应更加灵敏，这样企业就能利用各种数据对消费者的喜好进行精准的分析，然后根据分析的结果调整运营的方向，然后再利用信息向消费者群体加大宣传的力度，提高企业的运营效率。消费者掌握信息搜集技术，可以通过网络搜集获得更多、更全面的文旅信息，然后找到自己心仪的景点，再结合网上购票、购物等活动，享受信息技术带给自己的便利。景区也可以利用信息技术，为游客提供网络交互、分享经验等服务。另外，人流预警、智慧停车、人脸识别、无人机高清视频拍摄等 5G 相关特色都是景区利用的重要技术，这些技术推动了智慧景区的建设。

公共文化服务方面，数字服务产品的推出将公共文化服务带向"智慧"方向，比如智慧旅游、"数字图书馆""数字博物馆"、可阅读建筑群等。在景区建设方面，高科技加快了智慧化设施建设，打造了开放式"城市建筑博物馆"。文旅融合中，公共文化服务建设至关重要。在各种信息技术的支持下，景区能够更加高效地利用新媒体对地区特色文化进行宣传，让景区的特色更加凸显出来，这样才能吸引更多的游客。

在今后的发展中，将科学技术融入文旅产业中是旅游行业发展的必然趋势，但是要注意"文旅+科技"并不是简单地将技术硬搬到文旅产业中，也不是简单的复制和强行嵌入。旅游和各种技术与各个领域的融合依靠文化，但是融合的手段却要用到科技。即使科技的手段再先进、再高端，融合的内容是根本，因此作为宣传和创造内容的有效手段，科技的功能不可取代，但是在"文旅+科技"融合的过程中要将主次分清，要始终明白文旅是核心，科技是辅助。如果科技做不到服务文旅，那么"文旅+科技"也就没有意义了。

（三）文旅+工业：提升文旅装备水平，唱响工业文化游

文旅和工业的融合主要有两方面的发展方向。

1. 提高文旅装备制造业的水平

文旅产业的发展必然也增加了国内市场对文旅装备的需求，因此对文旅装备制造业的把握是提高文旅综合竞争力的重要环节。各个地区的文旅装备制造业应该结合当地的发展优势，尤其是一些老的工业区本身的装备制造能力就比较强，因此政府要重点关注推动，因地制宜，政府加大对政策方面的宣传力度，利用政策的扶持健全标准、规范监督，培育专业化、规模化的骨干企业，将产品的质量提高，致力于打造品牌，提升服务的质量，将产业的核心竞争力提高，同时也要注意对外来技术的引进和吸收，做好自主发展和引进消化相结合。另外，所有的发展都离不开顶层的设计，这也是对文旅装备制造行业基础的支持，政府要做好宏观上的调控，在政策上进行监督和扶持，做出促进文化旅游装备制造业发展的相关规划，同时也要将扶持的重点放在发展重点、产业集群布局、产业扶持计划和产业发展目标上。政府在对企业和市场的规划制定过程中，根据市场监管和企业扶持的相关问题，将文旅装备市场的制度进行完善合理。行业标准和监督机制实行的前提是要考察市场，根据实际情况来制定，同时政府要利用补贴和税收制度的调节和鼓励作用，对新兴的企业或者微小企业进行支持。

2. 发挥地区工业园区的优势，大力打造特色工业游

工业旅游随着科技和文化的发展在近几年进入了发展的快速时期，在旅游市场上的份额也越来越大，发展前景十分广阔。在我国的很多省份和地区都开始大力发展工业游的项目。对于工业游的发展，首先要明白工业游到底是什么。工业游是一些大型的或者历史悠久的大企业，利用自己的品牌效应吸引游客来参观自己的企业工厂和文化，比如说青岛海尔、上海宝钢等。要将工业游更好地开展起来，首先要明白游客参观游览这些工业企业的需求是什么，了解市场的需求才能

更好地发挥产业的融合作用。工业游的参观重点是参观工业设备、聆听时代故事、感受工业文化，企业将这三个重点好好把握住才能将游客吸引过来。虽然很多老工业基地已经被淘汰了，但是依靠工业游的发展，一些老工业基地又能在第三产业旅游方面焕发新的活力。发展工业游的企业不仅很好地利用了已经废弃的资源，减少资源的浪费，而且开发了新的营收模式，这是一条新型的基地振兴的道路。将文旅融合到工业之中，增加了其附加值，也降低了环境的污染，让工业园区重新焕发生机。

工业游的参与工业企业不仅包含一些老的被淘汰的工业遗产、工业故事，还包括现代的特色企业。一些大型的现代企业将自己的生产流水线开放，供游人参观，包括园区内的环境，比如沈阳新松机器人自动化股份有限公司。这家工业企业的名字源自"中国机器人之父"——蒋新松，这家公司也是国际上机器人产品线最全厂商之一，在我国机器人的产业中居于主导地位。这些工业旅游的企业会设置门票的售卖，也开发了很多具有园区和企业特色的纪念品，游客进入工厂和在园区消费就为企业带来了经济效益，同时这类措施也是有效的为企业宣传的方式。在吸引游客参观的过程中，文旅产生的经济效益又会使企业进行创新和改造，最终让工厂形成良性的循环发展。

对于上述的总结，我们可以了解到工业对文旅产业的融合具有多方面的影响，在完善本地区文旅产业的产业链的同时，让工业厂房和流水线重新产生一定的经济效益，提升工业的文化氛围，形成品牌效应。

（四）文旅＋农业：发掘多元价值，助推乡村振兴

文旅产业和农业融合的发展已经有了多年的历史。自从进入 21 世纪，很多农家乐就如雨后春笋般出现在各大旅游景区或者山区，乡村游就此开始发展。党的十九大报告中特别强调了乡村发展的重要性，并且提出乡村振兴战略，这种战略的制定对乡村文化产业和旅游产业来说无疑是一个全新的机遇。文旅产业的发展本就和农业有一定的联系，会进行初级的融合，这种初级的融合是自主性的。现阶段很多农家乐的发展都是农户为了提高自己的经济收益展开的，没有明确的规划和目标，这对文化传播和文化创造并没有什么作用。

文旅产业本身就具有高附加值和低耗能的特点，文旅产业和农业的融合正是利用这些特点来帮助农业的发展。在融合的过程中，新奇的农事活动和农村文化逐渐融入文旅产业中，将"文旅+"产业的内容进行扩充。为了促进文旅产业和农业的真正融合，政府需要转变从业人员的思想，作为农业和文旅产业融合主要发生地，乡村有义务负起这项事业的责任，但是根据实际的调查发现，很多乡村的居民和干部对农业和文旅的融合并没有清晰的认知，认为这项事业太过于高大上，同时也不实用，所以自然也就没有发展的热情，甚至还会产生抵触的心理。但是这种心理和现状随着经济的不断发展，随着文旅产品和服务的发展越来越不能满足乡村居民日益增长的需求，乡村文旅产业的发展迫在眉睫。不过乡村虽然迫切需要发展乡村文旅产业，但是由于乡村人对其认识不足，无从下手。农业生产在乡村的产业结构中属于主体产业，但是农耕畜牧业自身产值低，其附加值也不高，根本无法满足乡村居民的生活需求，也就不能推动乡村振兴的发展。所以，在增加农业附加值、提高乡村居民收入、实现乡村振兴的过程中，促进文旅产业和农业的融合就十分关键了，这也是农业和文旅产业融合的迫切需求。在文旅产业的角度来看，乡村农业文旅发展的类型多是农业游和农村游，这些类型是文旅产业链条的重要组成部分。

游客的需求是文旅和农业融合的基础和依据，游客们从城市走向农村，就是想要体验一下农村生活和城市生活的不同之处，感受不一样的风景和民俗，因此在游客的组成结构中，大城市的人口占据主要部分。所以基于农业游的需求，农村要将农业游设置成短途的旅行，使之更加倾向于体验式的文化旅游模式。这种文旅模式的发展十分依赖技术设施的建设，所以农村要将基础设施建设重视起来，打造完善的服务体系。乡村的硬件设施要建设完善，增强城市和乡镇的连接程度。

我国在20世纪80年代就已经颁布了"乡村旅游扶贫"的政策，主要针对民俗风情旅游，倡导"住农家屋、吃农家饭、干农家活、享农家乐"，主要的旅游内容就是采摘各种农产品、进行特色的务农体验活动，这种体验的形式就是"农家乐"的雏形。现代的农家乐已经发展成"文旅+农业"的形式，这是对传统形式的升级。经过政策的支持和各地的实践，"文旅+农业"的项目模式在全国各地的乡村全面展开，并且形式多样，包括"大棚游""采摘游""采购游""垂钓游"等单项的活动，还包括"现代农业、生态休闲、文化创意、示范体验、科普教育、健康养生"等综合项目，有些地区进行了"农业+旅游+养老+教育+运动"模式的发展，建立了各种各样特色的小镇。

第二节 文化旅游职业导游人才培养策略

一、文旅融合背景下导游职业发展的机遇

（一）政府绘制战略蓝图，优化导游职业发展的环境

针对导游职业的健康发展的问题，我国在近几年分别从法律和制度方面建立了相关的体制框架，这种顶层的设计是一种自上而下的导游机制的设计，能够对导游的职业健康发展起到直接的影响。

首先，导游的权利和义务需要政府通过立法来保护，立法也是促进导游职业环境和谐发展的基础。多年来，政府制定颁布了很多相关的法律和条例，比如《旅游法》《劳动合同法》《民法典》《导游人员管理条例》等，使得导游的权利和利益、名誉等得到保护，也为导游提供获取报酬、安全和健康、工作与休闲等方面的劳动保障，让导游能够在更加和谐公平的环境中工作。

其次，以需求为导向，政府出台了一系列行政法规，这些行政法规促进了导游队伍的高质量发展，从各个方面，从源头准入，到后面的晋级、激励、奖惩、监管、培训等各方面进行规范，创新探索导游队伍的管理机制。

（二）市场供需两旺，扩展导游职业发展的新通道

作为旅游服务的终端，导游的职业发展一定会受到供需两端的影响。在传统的旅游模式中，导游的主要职责就是为游客充当线路的向导，并且为游客安排食宿，但是随着旅游模式的转变，导游的身份职责也发生了变化。文旅市场对导游的要求更加全面和专业，尤其是需求懂历史和文化的导游，要求导游既可以为游客进行专业和细致和讲解和服务，又可以为游客展示旅游景区、城市街区、历史文化名城、名镇名村、遗址遗迹等的特色形象和内涵，同时也能够和游客形成良性互动，将中国的传统文化传播给游客，从而更能带动陶艺、金属、刺绣、制漆

等传统工艺与非物质文化遗产的传承保护，当然在传承文化的同时导游也拉动了当地的消费。在文旅市场的需求导向下，我们需要的导游是具有丰富学识、可以学科跨界、综合素养高的导游，市场要为加强导游人才培养、完善导游队伍建设和扩展导游职业发展道路指明方向。

（三）导游行业组织搭建桥梁，树立导游的新形象

导游行业组织属于依法成立的非营利性机构，主要的作用就是连接政府、旅游企业和服务导游会员。全国的各个地方都建立起了本地的导游行业组织，并且这些组织都是合法的。《关于促进导游行业组织建设的指导意见》(2014)、《关于深化导游体制改革加强导游队伍建设的意见》(2017)等相关政策的出台，让导游的行业组织体制机制更加完善，也使得导游行业不断发展。导游行业组织受到政府部门的监督管理，这样一来导游的劳动合法权益就得到了保障。组织还会定期举办导游培训、导游年会、导游论坛、团建活动等活动让导游有更多的发展平台和机会，促进导游凝聚力的形成。导游行业组织也利用各种新媒体平台比如微博、微信和公众号、抖音等平台，为消费者树立起一个正面向上的导游群体形象，扭转社会对导游的偏见和评价，增强职业认同，这样一来导游也就对自己的行业更加自信。

二、文旅融合背景下导游职业发展的困境

（一）导游职业能力较低造成的职业困境

导游的职责是多样化的，除了要将旅行社、平台、游客和景区的关系协调好，安排好出游的行程，还需要根据"以文促旅、以旅彰文"的工作思路为游客做好景点的专业讲解和服务，因此一个优秀的导游需要具备跨界发展的职业能力。但是传统旅游行业发展的缺陷导致导游行业的准入门槛较低，所以导游的水平参差不齐，综合素质不高，队伍结构也不合理，一般导游队伍中初级导游的数量是最大的，这些初级导游并不具有担任旅游服务和完成文化传播任务的能力。目前，导游行业中虽然也有针对导游岗位设置等级考核评定的政策，政府、行业和企业也不断采用培训、强化年审和激励考核等各种手段加强对导游队伍的引导发展，

但是这些措施也只起到了有限的作用，导游培训的时间和内容受到限制、晋级难度大、薪资水平也一直提不上来，所以导游的职业水平也迟迟提升不了，这阻碍了导游职业的发展。

（二）薪酬体系不健全导致的职业困境

政府颁布的相关法律法规如《旅游法》虽然遏制了市场"低团价、高回扣"的恶意竞争，引导和规范导游的薪酬良性设置，但是导游薪酬体系本身就不健全，导游职业的发展现状无法真正改善。导游职业的困境包括多方面：第一，薪酬结构不合理。导游的薪酬虽然是在法定的允许范围内设置，但是设置的水平仍然是较低的，导游的收益依靠薪酬提不上来，很容易出现为了提高收益强迫游客消费和自费加点获取回扣的现象，这部分收益自然是不合理不合规的，并且极易引发游客、导游和旅游企业之间的纠纷，游客的评价自然也就降低了。第二，薪酬收入不稳定。旅游的季节性和周期性十分明显，旺季导游会接待大量游客，工作比较繁忙，其薪酬水平自然就上去了，淡季游客数量减少，导游工作量小，空窗期比较多，薪酬水平降低，如果单纯依靠基础的工资导游是无法维持生计的，这就为导游带来很大的压力。第三，薪酬差异明显。导游的薪酬标准一般和级别、语种、工作难度等有关系，这种差异性的薪酬标准也会导致人才的流失，不利于导游的职业发展。

（三）导游职业倦怠导致的职业困境

任何行业都有职业倦怠期，导游的职业倦怠一般和职业压力和风险有关系。首先，导游的工作时长都是比较长的，并且有时候导游的工作不固定，对其体力消耗也很大，在生理上给导游造成压力。同时，户外的工作很容易受到交通、天气、政策等不可抗力的影响，职业风险也比较大。其次，导游需要和他人频繁地进行人际交往，既要和游客建立信任，又要和整个旅行路程中所有相关的企业进行沟通协商，其中的某个环节出现失误就很容易引发纠纷和不满，同时还有各方的不体谅，这些会造成社会偏见。导游的薪酬水平和游客与相关企业的评价挂钩，相关评价影响自己的收入水平会让导游感觉到压力。第三，职业发展的压力。导游这个行业被普遍认为发展路径短，没有很大的上升空间，属于大家眼中的"青春饭"，所以很多导游的职业生涯很短，只是为了趁年轻多赚些钱然后转至其他行业。

三、文旅融合背景下导游人才发展对策

导游的职业发展可以看成是一个系统的工程，涉及的方面多种多样，包括经济、政治、社会和个人发展等，导游的职业困境也是多方面造成的，单纯依靠导游个人的努力是难以打破困境的，需要内外合力、多措并举，帮助导游构建起职业发展的新平台。

（一）导游要明确职业目标，规划职业发展路径

1. 正视导游自我发展能力，设定不同的职业发展目标

导游要将自己的职业发展规划重视起来，尽量跨界发展，将发展的目标划分为短期、中期和长期，这样才能有利于实施的可行性，规划自我认知、成长、晋升和职业成功的发展路径，实现人生的价值和职业的抱负。另外，导游也要多加强自我了解，了解自己的性格、兴趣和优势特长，发展自己感兴趣的技能和职业方向，同时对行业的发展前景和动态也要清晰掌握，选定好职业方向，做好"一专多能"的职业定位，选定一个适合自己的领域进行深耕，成长为这个领域的专家型导游人才。我国目前的导游执业技能认证发展越来越完善，如旅游定制师、研学旅行指导师、旅游咨询师、当地向导、民宿管家等职业技能认证，这些专业方向的技能认证为导游的方向选择做出了指导。

2. 拓展多渠道的职业上升路径，做好导游职业生涯规划

导游可以根据文化和旅游部出台的导游晋升政策按部就班地进行升级，升级的流程为"初级——中级——高级——特级"，也可以采用另一种以语言为基础、以文化为内涵的职业发展路径为"省内地接——国内全陪——出境领队——入境地接"，这一发展路径能够使导游开阔眼界，并且有周游世界的机会，让自己的人生阅历更加丰富。除了这两个职业路径，还有一个职业上升的通道是"普通导游——半定制化导游——私人定制式导游"，这一路径是根据市场的需求来制定的。现代消费者的旅游需求越来越多元化、个性化和自由化，这催生了玩伴、朋友式的导游服务形式，这种服务形式更多的是需要专业化和人性化的导游，对导

游的综合素养要求更高。

在导游的职业生涯规划中，要积极拓宽导游的职业转岗机制。有的导游在多年的职业生涯中可能产生了倦怠心理或者经过尝试认为自己不适合导游岗位，需要转岗发展，可以选择为旅行社计调、销售、行政、管理，或担任教师及职业培训师、旅游编辑和旅游作家等。

将导游的职业上升路径进行拓展更加符合市场的需求，得到了市场的认可，导游也能从中获取职业自豪感和相应的报酬，促进了导游的生存结构、收入结构和职业地位的改善。

（二）导游要紧随文旅市场需求，提升职业能力

加强导游职业能力培养，关键是要提升导游的职业道德和职业技能，让导游掌握专业知识。

1. 加强导游职业道德建设是提升导游职业能力的基石

导游要对自己的角色定位有清晰的认知，认清自己的价值、引领责任和文化担当的使命，同时也要保持爱国爱企的道德信念，敬业乐业，真诚待人，乐于奉献，坚守合理合法、尽职尽责的道德行为规范。导游要秉持全心全意为游客服务的理念，树立正确的大局观和职业观，坚决抵制职业的不良行为，不断努力，争取得到社会和业界的认可，提升自己的荣誉感和自豪感。

2. 扩展导游职业知识是提升导游职业能力的核心

在文旅融合的背景下，导游的综合实力非常关键。根据自己的职业目标和职业定位，导游选择一个自己感兴趣的领域进行钻研，比如说导游选择了红色文化，就要对党史、新中国史、改革开放史、社会主义发展史进行深耕学习，增强自己传播红色文化的能力；如果导游选择了城市历史文化领域，就要将所选择的城市的文化全面了解，并且全部掌握，和游客一起游览时讲解城市中的建筑和文化，让游客了解这个城市乃至爱上这座城市。除了这些专业领域的知识，导游还要对政策法规、营销、美学、安全、礼仪等知识进行了解和学习，丰富的知识储备才是导游职业发展的基础。

3. 强化导游职业技能是提升导游职业能力的关键

导游和游客讲解景区文化其实是导游将景区的文化内涵、文化信仰和文化精神融入讲解当中，让游客感受到深刻的文化内涵，解决游客看不懂、听不懂的问题，也让游客有更加真实的体验，这种体验是沉浸式的，能够满足游客求知和感受不同文化的需求。除了这些能力，导游还应该提升文化保护、利用和传承的能力、线路规划能力、人际沟通能力、专项服务能力等，只有提升综合能力才能成为一名高素质的专业的优秀导游。

（三）多方协作强化保障机制，稳固职业发展环境

1. 多方协作建立完善的薪酬管理体系

完善导游薪酬管理，是稳固劳动关系、提升导游工作满意度和积极性、促进旅游业健康发展的基础。无论薪酬管理面向的群体是社会导游还是专职导游，旅游企业都应该足额如期地提供薪酬保障。旅游企业要在法律规定的框架内，严格依照法规政策制定薪酬管理体系。

导游的薪酬管理应该科学、透明，并且这一行业急需稳固的劳动关系，使导游的工作满意度和积极性提升上去，这也是旅游业健康发展的基础。导游分为社会导游和专职导游，社会导游就是已经取得导游资格证但是有其他兼职的导游人员，旅行社和旅游平台针对这两种导游都应该足额如期地提供薪酬保障。旅游企业的运行要依法依规，严格按照法律政策制定薪酬管理体系，专职导游的薪酬体系可以分为基本工资、带团补贴、奖金、社会福利等方面。

2. 多方协作建立合法化的佣金管理体系

要将导游拿回扣的不良行业现状改善，旅游企业就要将行业的佣金管理重视起来。佣金的合法化需要旅游企业将佣金构成公开化和透明化，这一举措要依靠多方的协作，包括旅游主管部门、工商部门、行业、社会等，旅游企业健全佣金管理机制，完善佣金分配流程，建立专门的佣金账户，将佣金的发放方式进行改善，同时也要建立起完善的监督管理体制，对导游的非法获益行为进行问责。

3. 多方协作制定导游的培养战略

首先，旅游企业要站在战略发展的角度规划导游队伍的可持续发展。加强对培训模式的创新，政府和行业要参与其中，从宏观层面制定专项培养计划，比如初级导游专项培养计划、金牌导游培养计划等，在战略上进行部署。其次，导游的培养要按照一定的培训目标进行，可以采取"线上＋线下"的方式，培训的内容也要注意其针对性和实效性。培训的数量和质量要有保证，并且两者之间也要

统一起来，要因材施教、循序渐进，加强对导游培训成果的考核，确保其实效性。

4. 多方协作加强导游的绩效管理

作为人力资源管理的重要组成部分，导游的绩效管理包含了多方面的内容，包括综合素质、职业态度和工作业绩等，对绩效进行管理也是对这些方面的全面监测和考核评价。绩效管理可以对导游的工作效果进行监督，对先进优秀的导游予以奖励，对落后的导游进行鞭策，同时这也能带动中间程度的导游努力上进；另外也可以根据绩效考核的结果进行奖惩、晋升或者调配等，让导游的工作积极性被激发，促进高质量服务的发展。

第三节 红色旅游职业导游人才培养策略

一、红色旅游与红色文化

红色旅游的灵魂是红色文化。红色文化是中国特色社会主义的核心文化，蕴含了中国共产党带领人民坚定共产主义和中国特色社会主义的理想和信念，蕴含了中华民族开天辟地、敢为人先的首创精神，蕴含了奋进、创新、踏实、科学的态度方法，蕴含了不畏艰险、百折不挠、敢于担当、迎难而上、勠力同心、奋斗进取的中国共产党人和广大人民的优秀品格。

对红色文化的传承可以看作是一项系统工程，如果有关部门只是一味地向人们进行灌输和说教，那么传承的效果必然大打折扣，所以需要寻求一种不再枯燥单一的方法，寻找一个合适的载体来加强人们对红色文化的接受度，使红色文化的传承效果变得更好。旅游是现代人放松休闲的一种形式，将红色文化融入其中，发展红色旅游，既可以发挥文化传承的功能，又能够推动旅游行业的发展，实现良好的经济效益和社会效益。

二、红色旅游对导游的素质要求

（一）游客需要导游能讲好红色文化

红色旅游绝不能像传统旅游模式一样走马观花，一味地追求让游客在最短的时间里参观最多的景点。红色旅游最需要导游的深情讲解和服务，这样才能让游客理解红色文化的深刻内涵。游客的旅行需要导游"以人为本"的服务理念，红色旅游的导游要根据不同游客的审美情趣和兴趣爱好来进行不同形式的服务。导游将自己掌握的红色知识进行串联和加工，最后讲解给游客，并且要以游客喜闻乐见的方式进行，让游客对这些红色遗址、红色故事和红色人物等有深刻了解。在青少年和大学生修学游市场中，导游更是起到带领和教学的作用，导游带领学生追寻先辈足迹、缅怀历史、致敬英雄模范、接受红色洗礼；康养旅游市场中，导游最重要的工作是让老人重温时代的变迁，感怀过去的岁月。红色旅游在我国的国家旅游战略中占据重要地位，现在已经被列入学校、机关、企事业单位、党团工会组织的文化建设工作，这更加需要高水平的导游来对红色文化进行传播，做到寓教于游、寓教于乐、寓教于情。

（二）旅游企业期望导游能讲活红色品牌

红色旅游得到国家的高度重视。依托丰富的红色旅游资源，红色旅游本身就有很好的发展基础，再加上国家政策的扶持，旅游企业深入挖掘革命历史，推出上百条红色精品旅游路线，也将一批红色旅游品牌推向市场。一些红色旅游资源丰厚的景区，为了再现或者复原革命历史的场景，让游客获得真实的沉浸式的旅游体验，在景区的建设中融合先进的科技手段，同时加大资金的投入，力争让游客置身多元化的历史场景之中，增加游客触摸历史、感受历史的机会。但是一些红色景区在发展过程中，虽然也将景区智慧化的公共服务设施设置得十分完善，并且有丰富的旅游资源打底，但是导游的讲解却无法将游客带入其中并产生共情。导游在红色旅游中十分关键，是游客和景区距离拉近的桥梁，甚至影响着景区革命形象的建立，所以红色旅游更加需要优秀的导游，更加需要一批懂红色历史、懂红色文化、有一定风格和魅力的导游，来时刻为游客提供热情专业的服务，为拉动经济效益贡献自己的力量。

（三）政府及社会需要导游助力革命老区乡村振兴

红色旅游文化一般都设置在革命老区里，所以在地理位置上可能不占优势，经济也比较落后。发展当地的红色旅游必然有利于推动当地的经济发展、促进乡村振兴、帮助当地居民实现生活质量的提高。政府为了促进这些乡村的振兴，帮助当地建立完善的公共服务设施，要将优秀的导游安排在这些地区，让他们将当地的民俗文化、生态农业、生活方式、红色文创产品等展示给游客，让游客更能了解当地的历史和发展，提高旅游的体验感。通过让游客对当地红色文创产品的购买和农副产品与手工艺品的消费提高当地的经济效益，同时利用新媒体技术的发展、"政府+媒体+特色产品+网络直播+电商"的融媒体形式助力脱贫攻坚，这一艰巨任务就需要优秀的导游来做宣传，将红色旅游线路和红色名村名镇的牌子打出去，促进乡村振兴。

三、红色旅游中导游存在的问题

（一）缺乏红色理论素养，政治站位不高

现代社会是多元文化发展的时代，我们每个人每天都会受到各种信息和文化的冲击，导游也会因为缺乏红色理论基础，没有将思想修炼提高，缺乏文化自信而无法正确传播红色文化的内涵。

（二）讲解缺乏感染力，宣讲效果不佳

中国共产党的革命是一幅伟大的史诗画卷，其中涌现了无数的红色人物和红色故事，但是一些导游缺乏红色历史脉络的架构，没有能力深刻地传递红色精神，在给游客讲解的时候常常会出现千篇一律、千人一面的现象，让游客没有办法产生共鸣，游客也就无法理解那些峥嵘的岁月，无法感受红色精神。

（三）缺乏保护意识，传承红色文化乏力

红色旅游的发展虽然促进了红色文化传播，但是也不可避免地为红色文化的保护带来一些问题。比如有些导游的法治意识比较淡薄，为了追求个人的利益不会对红色历史文化和革命烈士进行保护，甚至在给游客讲解的过程中歪曲事实，向庸俗化的方向发展，有的素质低下的导游还会丑化、诋毁、贬损、质疑英雄烈士，损毁革命英烈的名誉，同时这些导游不会提醒游客保护红色历史文化，这造成了游客对红色文化资源的破坏。

四、红色旅游中导游提升策略

（一）筑牢信仰根基，坚定红色文化自信

红色文化是我国独有的文化。红色文化与其他文化相比具有独特性，更加偏向政治性，也更加具有教育意义，是一种严肃的文化。红色文化的理论基础是先进的马克思主义和习近平新时代中国特色社会主义思想，本身具有先进性。导游在红色旅游学习中要加强理论的学习，树立好三观，自觉践行初心使命，传播红色文化和精神。

（二）挖掘时代价值，提升红色导游词撰写能力

导游的导游词都是提前创作好的，红色导游词的创作要更加严格，不能照搬照抄史料，但也不能随意发挥，歪曲、破坏史实。导游创作导游词时要站在时代的基础上创新，深入挖掘红色资源的历史价值，学会依据史料二次创作。导游要将真实、客观的史料用故事化的形式展现给游客，无论是大英雄、大人物还是革命中的小人物，都要恰当地融入导游词中，让人物更加立体饱满。

（三）促进双向沟通，提升红色文化讲解能力

导游对红色文化的讲解更要聚焦在中国共产党的百年奋斗历程和发展成就上，这样才能增强游客对国家发展和党的领导的认同感、荣誉感和归属感，增强爱国情怀。导游的讲解方式要注意创新多样，要用游客喜闻乐见的方式传播文化，讲解的时候要生动形象、饱含激情，这样才有利于引起游客的共鸣。另外，导游要注意和游客形成互动，可以采用加入红色歌谣、红色金曲、红色颂词、红色歌舞等表现形式，让游客沉浸其中，学会思考，真正推动红色文化的传承。

（四）打造红色IP，提升新媒体的传播能力

现代的旅游业发展受到"互联网+"的影响十分深刻，游客在旅游的时候会选择多种视听的方式来感受历史。导游在这种情况下要紧跟时代发展，学会用各种网络平台和自媒体等技术手段，将自己包装成富有魅力的专家导游。当然导游本身要有匹配的专业知识和素养，通过线上和线下的不同方式打造自己的导游品

牌，吸引更多的粉丝游客，产生口碑效应，这样也有利于带动红色文创产品及具有乡土乡情农副产品的销售，促进经济发展。

（五）加强法律意识，提升红色文化保护能力

导游在传承红色文化的同时，也不要忘记对红色文化的保护。导游要熟悉和遵守国家的法律法规，加强《宪法》《旅游法》《文物保护法》《中华人民共和国英雄烈士保护法》等相关法律知识的学习。导游对景区的革命旧址、遗址遗迹、纪念设施等要有保护意识，并且提醒游客也要有保护的意识，在讲解的过程中尊重历史，不扭曲历史，弘扬红色精神。导游要做到对游客进行价值引导，和游客一起保护红色资源，传承红色文化。

（六）做好职业规划，提升可持续发展能力

导游要想在本行业可持续发展，就一定要做好职业规划，建立职业规划首先就要对国家政策和行业现状与社会需求有深刻的了解，关注国家政策、研读文件。导游应该积极主动强化自己的思想政治觉悟，践行社会主义核心价值观，并且积极参与政府和行业的各种培训，学会自主研究相关的红色文化的课题。

（七）学好共产党党史，传承红色基因

学党史是加强导游员思想政治教育的必然要求。在新的历史时期，推进文化和旅游事业融合发展，尤其需要一支政治过硬、信念坚定、知识丰富、业务熟练的导游队伍。党的百年历史，蕴含着伟大的建党精神，诠释了党为实现中华民族伟大复兴中国梦的初心使命，是最生动、最鲜活、最具震撼力的思想政治教科书。广大导游员要通过深入学习党的百年历史，不断筑牢信仰根基，不断强化传播党史知识、弘扬红色文化、继承红色基因的责任意识，旗帜鲜明地讲政治，始终保持红色历史文化自信和历史自觉，坚决做听党话、跟党走、为党和人民服务的践行者和示范者。

导游人员作为历史文化的承载者、传播者，应不断加强历史知识储备，熟记熟知重大历史事件、重要历史会议、重要历史人物和故事。特别是要深入、精准、全面地了解和掌握旅游区域每一条旅游线路、每一个景点景区、每一处场馆遗址及其相关的党史知识，从党史事件中、党史人物身上汲取智慧、精神力量，提升业务技能。

第四节 生态旅游职业导游人才培养策略

一、生态旅游的含义及特征

(一) 生态旅游的含义

旅游业的快速发展，在给地方政府带来经济效益的同时，也产生了一定的负面影响，而且人们对这种负面影响的关注度逐渐提升。目前旅游带来的直接负面影响为环境问题，于是学者在"绿色旅游""自然旅游"概念基础上提出了"生态旅游"。由此我们可以发现生态旅游与自然旅游之间有十分密切的联系。学者从不同角度对生态旅游的定义进行了概述，主要可以归纳为以下几个方面：

第一，生态持续性发展角度的概念。部分学者认为生态旅游是一种集环境生态和社会生态于一体的旅游活动，它倡导二者的协调发展，即生态旅游既要保护生态资源不被破坏，也要促进地方经济的发展，同时还要将旅游产生的部分经济利益用于旅游资源的保护。

第二，行为规范为目的的概念。部分学者认为生态旅游是一种约束旅游者和当地居民行为的行为规范，在生态旅游观念的影响下人们可以提升保护生态环境的意识。

第三，从生态保护和旅游地发展结合角度的概念。美国学者对理想化的生态旅游进行了概述，其中包含了多个层面，不仅涉及旅游者，也涉及旅游地居民。具体如下：(1)旅游者要对所旅游的景区有较强的保护意识；(2)旅游地居民在发展旅游业时，需要结合当地的环境因素和文化需求，有计划、有目的地开发旅游资源。在旅游长期规划战略制定时，政府应鼓励当地居民积极参与，减少旅游业带来的负面影响，进而建立一个有助于当地经济发展的旅游经济体系。

通过对上述定义的归纳，我们可以发现生态旅游是一种新兴的旅游形式，具有丰富的内涵。生态旅游建立在生态学理论原则基础之上，它是一种既可以有效保护生态旅游资源，又可以推动当地经济发展的旅游活动。

（二）生态旅游的特征

从本质上来讲，生态旅游和大众旅游有明显的区别，生态旅游是推动旅游可持续发展的重要手段，其主要具有以下几个方面的特征：

（1）发展上的可持续性

发展上的可持续性是生态旅游的第一个特征，同时也是其最为重要的特征。具体来讲，生态旅游发展上的可持续性主要体现在两个方面：一是既推动当地经济的可持续发展，又保障旅游资源的可持续利用；二是既满足了当前旅游者的旅游需求，又满足了未来旅游者的旅游需求。

（2）旅游地的自然性

生态旅游主要是以生态资源、生态环境作为取向来满足旅游者的旅游需求，所以旅游景点应是纯自然景点，或者受人为改造较小的自然景观、人文景观，如自然保护区、文物古迹等。

（3）旅游活动的环境保护和环境教育性

生态旅游是一种以尊重自然、保护自然为前提的旅游活动，所以生态旅游活动可以有效减少旅游者对自然环境的破坏，为此它具有一定的环境教育和保护功能。

（4）层次上的高品位性

生态旅游是旅游业发展到一定程度后的进化、升级，我们可以将其称之为旅游业发展的高级产物。通常情况下，参与生态旅游的主体有较高的文化修养，同时也有一定的审美能力，这就对生态旅游景点的质量提出了更高的要求，生态旅游景点不仅要有优美的自然景观，同时也要有一定的文化内涵。另外，生态旅游的从业人员也应具有较高的素质水平。

二、生态旅游对导游的新要求

（一）丰富的生态知识和强烈的环保意识

从某种意义上来讲，导游业属于知识密集型行业，从业人员如果没有足够的知识储备很难做好本职工作。尤其是在新兴的生态旅游中，参与主体的综合素质水平较高，通常情况下他们具有较高的文化涵养，所以导游也要具有渊博的知识。

这些知识所涉及的内容较多，其中不仅包含语言文化知识、政策法规知识，同时也囊括国际知识和医学常识等，具有丰富知识储备的导游可以给旅游者精彩地讲解旅游知识。同时具有丰富知识储备的导游在安排旅游活动日程时也会做到游刃有余，在尊重客观规律的基础上结合生态学内容设计旅游项目和产品，以此满足旅游者的旅游需求，并使旅游者在旅游过程中受到生态环境教育，进而实现人与自然的协调发展。

另外，导游还要具有较强的环境保护意识，只有这样导游在生态旅游过程中才能做到以身作则，带领旅游者共同保护环境，提升旅游者的环境保护意识。反之，如果导游不具备较好的环境保护意识，在旅游过程中随意丢弃垃圾、随意践踏花草树木，那么他就没有资格去教导别人爱护环境，就无法达到生态旅游保护环境、培养旅游者环境保护意识的目的。目前，我国导游队伍中存在一些素质较低的导游，他们在带团的过程中，带头破坏旅游环境，如南岳衡山的树木上就刻有"××团到此一游"的标记，这在无形中反映了导游缺乏环境保护意识，同时也在一定程度上影响了旅游者的环境保护意识水平，这不利于我国生态旅游的健康持续发展，因此导游需要加强生态知识的学习，强化自身的生态环境保护意识。

（二）熟练的高科技技能和精湛的外语水平

随着网络信息技术的快速发展，网络旅游销售成为国际旅游业务中的新形式。根据相关权威结构的调查统计，1997年至1998年网络旅游销售业务剧增，利用网络途径进行销售的旅游接待地的数量增长至75%，而在1997年利用网络途径进行销售的旅游接待地仅有37%。为了使我国旅游业与国际接轨，提升国际竞争力，我国旅游业应当建立并完善旅游信息资源库，并将高科技与生态旅游相结合，而导游在生态旅游发展中具有十分重要的作用，所以他们要掌握高科技，以便为旅游者提供更好的服务。众所周知，我国国土面积辽阔，地形、气候复杂多样，也正是这种地理气候环境造就了我国千姿百态的自然景观。例如，我国中西部地区拥有许多纯朴的自然生态环境，也有许多雄伟壮观的自然景观，而这些旅游资源与国际旅游者所追寻的求新、求异、求乐的需求十分吻合，这为我国生态旅游开拓国际市场奠定了基础。与此同时，自我国加入WTO之后，我国对外开放程度增加，在国际上的地位和知名度也随之提升，如果国内导游具有较好的科技技能，那么我国势必会吸引一部分国际旅游者入境旅游。除此之外，导游想要做好国际生态旅游业务，还需要具有较高的外语，如果导游不具有较好的外语水平，他们将无法有效地与国际旅游者交流，从而降低国际旅游者的旅游体验感。

目前我国已成立了一支熟练掌握世界主流语言的导游团队，他们有能力接待来自全球各地的游客，这是我国开展国际生态旅游的优势，同时我们也应看到其背后存在的不足，虽然导游团队的语言素质已经有了明显的提升，但是其中依然存在部分导游的外语水平不过关的问题。就目前我国导游团队的语言掌握水平来看，大部分的导游仅仅掌握了一门外语，双语种或多语种的导游是凤毛麟角，这在无形中限制了我国生态旅游国际市场竞争力的发展。

（三）强烈的竞争意识和创新精神

随着生态旅游的崛起，我国逐渐受到世界各国游客的青睐，在这种环境下导游的竞争也日益激烈。由于我国旅游业起步的时间较晚，旅游设施建设不够完善，与发达国家相比有不小的差距，另外我国旅游设施建设与我国生态旅游环境也存在不协调的问题，这在无形中影响了我国生态旅游的形象。想要提升我国生态旅游在国际市场上的竞争力，并使其立于不败之地，就需要提升我国旅游业的人才水平，即拥有人才优势。人才优势的建立需要从多角度出发，如人才队伍中的尖子水平、人才队伍的整体水平、人才技术的全面性以及人才的开拓创新精神等。导游想要满足旅游者求新、求异的旅游需求，就需要不断开拓创新，优化导游方法。另外，导游只有严格要求自己，奋发向上、努力进取才能在竞争激烈的旅游行业赢得一席之地。

（四）强健的体魄和敢于冒险的勇气

导游工作是一项特殊的工作，它不仅属于体力劳动，同时也属于脑力劳动，为此导游需要有强健的体魄。生态旅游是一项具有特殊使命的旅游活动，它为旅游者提供接触自然、感受自然、探索自然以及理解自然的体验。在这样的环境下，探索原始森林、穿越沙漠等旅游活动将成为未来生态旅游的重要形式。而这些旅游活动形式的开展，不仅需要导游与旅游者共同探索、感受大自然，还需要导游给旅游者做好讲解工作和生活服务工作，所以现在的导游想要成为一名合格的生态旅游导游,需要具备多方面的才能,不仅要善于言谈,同时也要有较强的环境适应能力和敢于冒险的勇气。

三、生态旅游背景下导游发展策略

(一)注重导游职业道德与环保意识的培训

导游是为旅游者提供导游服务的基本力量,他们的形象直接反映了旅游景区的服务管理水平,为此导游需要具有较好的职业道德素质水平,并在旅游活动中以身作则,无论是在言谈上还是在行为举止上都要为旅游者提供热情、周到、细致的服务,为旅游景区树立良好的服务形象。生态旅游作为生态旅游区的特色,是生态旅游区的标志,这给导游服务提出了更高的要求。例如在生态意识培训方面,导游要从语言、行为等方面给予游客正确的引导,在向他们传递生态知识、生态意识的基础上,增进他们对大自然的敬畏之心,进而形成人与自然和谐的生态观。

应环境保护和生态旅游发展的要求,导游业有必要加强对导游的生态旅游的培训,其培训内容涉及的领域较多,如林学、生态学、自然地理学、环境保护学等。在现实培训中心,这些内容往往会被忽视,从而导致部分旅游景区的导游的知识结构不合理,无法深入理解景区的生态理念,在开展导游服务工作时讲解不够深入,进而导致生态旅游景区导游服务质量不高。例如,我国生态旅游景区鼎湖山,它位于广东省,被称为"北回归线沙漠带上的绿洲",如果导游想要对此有一个深入的理解,需要具有一定的气象学知识,否则就不知道什么是北回归线,为什么全球北回归线上存在许多的沙漠,为什么鼎湖山却与众不同,没有成为沙漠。此外,如果没有足够的气象学知识,导游也无法向游客解释鼎湖山空气中负离子的含量以及它对人体健康的影响,也无法向游客讲解如何保护鼎湖山生态自然景观。由此可以看出,完善导游生态旅游内容培训具有十分重要的作用和意义,可以从根本上提升生态旅游区的服务质量和市场竞争力。

(二)围绕生态旅游提升导游职业素能

生态旅游和传统旅游有所不同,导游服务及管理需要建立在传统导游实践的基础上，并融入生态旅游相关的专业知识内容，如生态学、环境学、自然地理等，导游通过对这些知识内容的学习，拓宽导游的知识面，使其形成一个完整的生态旅游知识体系，进而提升导游自身的综合素质水平。在生态旅游过程中，导游通过讲解让游客感受生态旅游的知识性、趣味性，并通过生态旅游培养生态环境保护意识。另外，由于生态旅游的特殊性，导游与游客需要走进大自然，其过程中将会面临各种突发事件，所以导游需要在培训和实践中不断提升自身的应急避险能力，降低生态旅游风险。

（三）完善生态旅游服务管理机制

随着生态旅游的快速发展，专门从事生态旅游的团队日益壮大，这也使其管理服务的弊端暴露出来，所以我们应完善生态旅游服务管理机制，为生态旅游发展保驾护航，从具体上来讲需要做好以下几点：

第一，建立生态导游管理机构。建立生态导游管理机构的目的是加强对生态导游的全面管理，使生态导游服务工作的开展处于监督、规范之下。结合我国生态旅游发展的情况，政府可以建立地方性生态保护管理机构，并加强生态管理机构与地方旅游部门、生态景区的联系，三方协同监督、规范生态导游服务工作，如设置生态导游投诉热线、完善生态导游评估体系、规范生态导游言行举止等。对那些存在不文明、破坏生态行为的导游，生态保护管理机构应给予严厉处罚，逐渐建立生态导游激励约束机制。

第二，完善生态导游考核体系。生态导游考核体系的完善，需要建立在当前生态旅游发展需求的基础上，全方位考核导游的素质水平，如自然知识、职业技能等方面，提升生态旅游导游职业的准入门槛。另外，管理机构还要注重对导游生态旅游知识内容的考核，同时完善生态旅游导游资格认证体系，确保生态旅游导游具有高素质水平。

第三，完善生态导游相关法律法规。法律法规是监督、规范我国生态旅游导游服务管理的有效手段。管理机构要结合我国生态环境保护法、生态旅游法以及国家旅游等方面的法律制定与地方生态旅游景区发展相适应生态旅游导游管理规章制度，通过法律条文的形式明确规定生态导游的权利与义务，从而为规范生态旅游导游服务管理、推动地方生态旅游发展提供法律保障。

(四)实施生态旅游导游资格认证制度

为了逐渐规范我国生态旅游业,提升其可持续发展能力,我们应逐步在各个生态旅游景区逐步实施生态旅游导游资格认证制度,不断提升导游的生态环境保护意识,并在此基础上通过导游向游客宣传生态保护思想,渗透环境保护教育。

生态旅游导游资格认证考试应当由国家旅游部门负责,在考核传统旅游知识的基础上,将环境保护学、生态学、自然地理学等内容融入考试之中,并对那些通过考试的人员发放生态旅游导游资格证。为了进一步提升这些课程的针对性,国家旅游部门可以带头组织编写生态旅游教材,从而让这些课程的生态旅游特点尽显无疑。一般情况下,生态旅游资格认证考试的对象主要有两大类:一是生态旅游景区的导游,二是获得导游资格证的一般导游。在实施生态旅游资格认证制度时,针对这两种考试类型的导游要采用不同的态度,尤其是要关注生态旅游景区导游的资格认证,而对于后者可以采用自愿的原则。我们需要明白,只有取得了生态旅游导游资格证的导游才可以从事生态旅游导游服务工作,否则不能开展生态旅游导游服务。作者认为政府可以在我国选择部分生态旅游景区作为试点,有计划、有步骤地开展生态旅游导游资格认证制度,在汲取足够经验之后再推广至全国。

(五)开发外语导游动态培训体系

在国际旅游快速发展的环境下,提升导游的外语能力显得尤为重要,所以我们要以地方高校为依托,利用高校人才培养的资源优势,并结合生态旅游导游服务的市场需求开展外语导游人才培养的教学工作。

导游英语隶属于专门用途英语的一种,因此它具有专门用途英语的一般特点,其具体表现如下:首先,课程设置需要满足学习者的特殊需求;其次,课程内容与特定学科及职业相关;最后,课程中的语言应用与特定活动相关。通过对专门用途英语一般特点的分析我们可以看出导游英语是一个旅游与英语交叉的学科。目前,我国旅游导游人才主要来源于两个专业,一是旅游管理专业,另一个则是英语专业,这两个专业均是独立的专业,二者并没有交集,因此其所培养的人才与我国涉外旅游市场的需求有很大的差距。

目前大力发展生态旅游已成为世界旅游业发展的主趋势,为此高校应加强与旅游业的合作，并展开深层次的校企合作，高校要将生态旅游知识内容融入日常学生教学之中，同时重视实践教学，让学生在实践中提升自身综合素质水平。另外，应根据当前国际、国内生态旅游业的发展趋势，将英语教学与旅游教学融合在一起，并结合旅游市场对人才需求的变化，适时调整教学模式和教学内容，为我国生态旅游业发展培养出一批批高素质且拥有优秀外语水平的导游人才。除此之外，国内一些有条件的高校可以开设涉外导游专业，抑或是实行"英语＋导游"双学位教学模式，培养出更多复合型导游人才。

将一线涉外导游的外语水平作为基础，同时借助高校的人才培养的资源优势，政府可以构建外语导游动态培训体系，从而从整体上提升涉外导游的综合素质水平。一线导游对于我国生态旅游发展至关重要，他们不仅担负着向游客渗透生态环境保护的责任，同时也要向游客讲解景点的文化与知识。随着国际旅游市场的发展，我国入境旅游市场呈现出火爆趋势，这无形中也对导游提出了更高的要求，所以加快构建外语导游动态培训体系的步伐十分重要。

第五节　乡村旅游职业导游人才培养策略

乡村旅游是近年来一种新兴的旅游形式，它与那些纯粹娱乐的旅游有一定的区别。游客除了欣赏乡村的美景之外，也会寻求情感、心灵上的补偿，所以在乡村旅游中，导游只有深入了解游客的内心需求，才能做到有的放矢地讲解知识，给游客带来不一样的旅游体验。

一、乡村旅游的概况

（一）乡村旅游的内涵

所谓的乡村旅游主要指的是乡村地区为游客提供的游览、休闲、食宿、度假等一系列服务的总称。从农业的角度来看，乡村旅游与观光农业、休闲农业十分相似；从旅游业的角度来看，乡村旅游又与民俗旅游、农业旅游以及生态旅游的外延有一定的交集。2005年，贵州举办了乡村旅游国际论坛，在会上我国专家学者就乡村旅游的内容形成了一个统一的认识。从整体上来讲，乡村旅游主要包含以下几个方面的内容：第一，乡村旅游应当建立在独特的乡村民俗文化的基础上，以此来提升乡村旅游的档次；第二，乡村旅游的经营主体为农民，这充分体现住农家屋、吃农家饭、干农家活、享农家乐的民俗特色；第三，乡村旅游的对象为城市居民，乡村旅游满足他们回归自然、享受田园风光的愿望。自此之后，我国部分学者也对乡村旅游的定义做了详细的阐释：乡村旅游是以各种类型的乡村作为背景，并依托乡村文化、乡村生活以及田园风光等自然资源，吸引城市居民进行休闲、观光、度假的旅游活动。

（二）乡村旅游类型

从宏观角度来讲，大农业可以分为农、林、牧、副、渔五大产业，无论是哪一种产业都可以与休闲旅游结合在一起，从而形成不同类型的乡村旅游，为此我们可以将乡村旅游划分为"六模式九经典"。

"六模式九经典"主要讲的是乡村旅游的六种基本模式和九种实际操作经典类型。其中乡村旅游六种基本模式主要包含鲜食餐饮休闲旅游、农村劳作体验休闲旅游、田园风光休闲旅游、农村民俗活动观光休闲旅游、经济作物与观赏性农林牧作物的观光采摘旅游、农家餐饮住宿体验休闲旅游。

九种实际操作经典类型主要囊括了花卉园艺观光与销售、禽畜鱼猎获与鲜食餐饮、农家牧家渔家生活体验、乡村民俗体验、大棚观光采摘与反季节生态餐饮、家庭农副产品加工参与体验、农业劳作体验、果林观光与瓜果采摘、宠物观赏与领养。

（三）开发乡村旅游的意义

将大农业与大旅游相结合，在融入社会主义新农村建设中具有广阔的发展前景。作为一名合格的导游，我们应充分认识发展乡村旅游的重要性意义。从具体上来讲，发展乡村旅游的意义主要表现在以下几个方面：（1）乡村旅游的开展可以有效提升部分农业资源的价值；（2）为乡村地区人民创造更多的就业机会；（3）有效带动农民文化素质水平的提升；（4）推动社会主义新农村的建设，实现产业目标和社会目标的有机结合。此外，作为导游还应该清楚地认识到乡村旅游不仅是目前旅游业的重要话题，同时也是一个如何服务"三农"的重要话题。通过旅游带动农村地区经济的发展，是全面落实科学发展观伟大战略的重要环节之一，是从事旅游行业人员长期探索的课题之一。

二、乡村旅游中导游应具备的素质

（一）了解游客心理需求，提供相应服务

不同游客向往乡村的动机也有所不同，从具体上来讲，其动机主要有以下几中类型：

1. 回归自然型

随着我国城市化进程的加快，人们对长时间喧嚣的、快节奏的城市生活产生了厌倦之情，他们向往回归大自然，去感受大自然的那一片宁静。

通常情况下，这部分游客的文化素质水平较高，他们对生活有更高的追求，这对导游提出了更高的要求，需要导游具有较高的文学修养，并对古今中外的生态环境伦理观点有一定的了解，如后工业主义等，只有这样才能使游客有更好的旅游体验。

2. 缓解压力型

随着城市生活节奏的加快，人的大脑始终处于紧绷状态，心累成为一种普遍现象，这也使得人们长期处于亚健康状态。乡村旅游给这部分人提供了远离城市快节奏生活、放松心情、缓解压力的途径。

此种类型的游客十分多，这部分人群主要集中在在职和在校人群中，所以导游在旅游过程中应选择一些轻松的话题，同时采用幽默风趣的讲解方式使游客的心情得到放松。

3. 取经学习型

随着我国农村经济的快速发展，一些带有考察、学习性质的团队开始深入乡村体验乡村生活。尤其是现在的青少年，他们从小被滋养在温室的环境之中，麦当劳、肯德基的饮食文化以及网络游戏的文化对他们的影响越来越大。他们虽然在书本上也学习了"谁知盘中餐，粒粒皆辛苦"的道理，但是并未经过实践的检验，所以未能对此形成深刻的理解。他们只有走进乡村，真实感受农业劳作的艰辛方可领悟书本中的各种道理。从某种意义上来讲，乡村是青少年接受教育的第二课堂。

由此可以看出此类型的游客具有较强的求知欲望，他们希望通过乡村旅游获得一定的收获，为此在旅游过程中导游需要向他们讲解一定的农业知识，同

时也要给予相应的示范，从而增加游客对农业知识的理解，提升他们的旅游情感体验。

4. 民俗观赏型

我国是一个历史悠久的国家，农业是我国的经济发展的根本，同时我国也经历了漫长的农业型国家时期，所以我国民俗文化孕育华夏儿女对美好生活的追求与向往，它渗透在各个领域。目前，我国对非物质文化遗产的保护与传承十分重视，而那些偏远地区的人们长期守在祖辈留下来的土地上，他们保留了较为完整的民俗文化。一部分人在城市居住中感到无趣时，便想着去乡村感受当地的风俗人情，从而获得一种新的生活体验，抑或是对某一段往事的回忆。

此类型的游客希望深入了解旅游地的民俗人情，甚至是参与当地的民俗活动，所以导游在带团旅游前应做好充分的功课，全方位了解旅游地的民俗人情，如服饰、饮食、农耕、居住等。与此同时，导游还要对当地的民俗活动的流程、意义有一定的了解，从而可以为游客做更好的讲解，让游客沉浸在民俗人情之中，提升游客的满意度。

5. 收获品尝型

随着经济的发展，人的生活水平也得到提升，我们可以在超市、市场中购买各种类型的商品，如水果、各类肉食等。但是部分人不喜欢这样直接获取的方式，他们更喜欢亲力亲为，这样他们可以体验劳作的过程，同时也拥有通过劳作获得成果的满足感，然而现在城市到处是钢筋水泥，他们只有到乡下才能体验到这种乐趣。同时农家菜中的食材、做法都与城市饭店有很大的区别，这种原汁原味的生活只有在农村可以体验到。

在带这种类型的游客时，导游要具有分辨产品质量的能力，在旅游中通过自身专业知识向游客传授如何分辨农产品质量、农产品的成熟程度等。此外，也要向游客讲解不同种类农作物的采摘方法和技巧，并帮助游客打包产品。

6. 运动养生型

随着人们健康意识的增加，关注健康的人群已经没有年龄、职业之分，他们利用业余时间参加各种形式的身体锻炼，有的人去健身房健身，有的人去爬山，还有人到乡下散心，不管是哪种方式都可以在不同程度上起到养生的作用。目前，乡村已经成为当代都市人心中的桃花源。

对于这样的游客，导游应从游客的需求、爱好出发，安排科学健康的团餐活动，在用餐食材、菜品搭配等方面做到健康营养，与此同时导游还要掌握一定的健身养生知识，以便与游客交流。

7. 缅怀岁月型

此类型的游客大多数出生于农村，随后在城市生活，但是家乡的种种画面依然在他们脑海之中，长期在城市生活，导致他们对家乡的思念之情加深。此外，此类型游客还包括那些经历过上山下乡的知青，乡村中有他们太多太多的回忆，如农具、工分表、破旧的标语等，在这些乡村残留的痕迹中，他们能够找寻当年的记忆。

对待这样的游客，导游应将讲解的侧重点放在农村的历史变革上，向游客介绍现在农村的新面貌，让游客陷入对过往的感叹之中。同时，导游还要在旅游中充当游客的倾听者，同时在旅游的途中播放一些当年的歌曲，使游客触景生情。

8. 综合体验型

除了以上几种类型的游客之外，还有一些游客属于综合体验性，即游客到乡下旅游的动机有多个。他们不只为观看自然风光，也为休闲娱乐，同时也有其他的目的，所以导游要学会察言观色，对症下药，提升旅游导游服务质量。

（二）提高综合素质，增加解说的文化含量

传播文化是导游的主要职责之一，为此一个合格的导游需要树立终身学习的观念，提升自我修养，在文化讲解中做到深入浅出。另外一名优秀的文化型导游，不仅要将所掌握的文化知识运用到旅游实践之中，同时还要学会自我反思，不断创新旅游解说方式，努力打造属于自己的文化讲解风格。

1. 从中国传统文化了解乡村旅游的历史渊源

中国传统文化主要建立在儒、道、释的基础之上。儒家思想中的"天命"不仅包含宿命的观点，同时也包含尊重自然、敬畏生命的观点。此外儒家思想中所提倡的"比德"，习惯性地将人的品格比喻成某种自然景物，如古人用梅、兰、竹、菊来比喻人的品格，其强调的是仁民爱物式的天人合一。道家思想中也有很多关于人与自然的哲理，如"人法地，地法天，天法道，道法自然"，这句话主要想表达人和社会应当顺从自然界发展规律，做到人与自然和谐相处。释家强调"出世"，尤其是在唐代禅宗兴起之后，其观点对世人产生了深远影响，释家的观点在很多方面与道家想通，甚至部分观点相同。儒、道、释三家都大力提倡物我交融、天人合一。

在古代也有城乡之分，其中那些工商业较为发达的地方被称之为"城市"，而城市之外的地方被称之为"乡村"。从某种意义上来讲，古代的城市是军事、文化、经济、政治重地，所以城市中充满了喧杂之声，而乡村远离了城市的尘嚣，不仅有天然的自然景观，同时民风淳朴，可谓是一方净土。古代士大夫在春风得意之际往往跻身于喧嚣的城市之中，当命运多舛之时则隐居于乡野山林。由此不难发现，从古至今人们归隐山林、浪迹江湖的心理趋向十分明显，并经过长时间的发展，逐渐形成一种社会意识文化，对当代人们的价值观以及审美情趣产生了深远的影响。

2. 以科学的发展观认识乡村旅游的兴起

欧洲工业革命爆发时，先进的工业技术走进人们的生活，一些思想家对便对工业革命产生的负面影响进行了猛烈的抨击，如法国著名思想家卢梭，他在《忏悔录》中指出：科技的发展与道德的进步是背道而驰的，要求"回归自然"，要求人们"按照自然而生活"。从某种角度来看，卢梭的思想是对科技和知识的排斥，他与我国老子的思想有相通之处，都害怕社会的进步与发展。但是我们应该从中发现卢梭的贡献，他是首次提出人类生态环境伦理问题的人，倡导人性的回归和人类自我的回归。

经过众多科学家、哲学家的不懈努力，科学的生态伦理观终于形成，自此人们对大自然的整体和谐性、人与自然的和谐和价值等方面的问题都有了一个普遍的认识。乡村旅游的诞生符合自然、社会发展规律，是一种新型的旅游形态，导游需要站在科学发展观的视角进行导游服务。

3. 吸收文学营养，增添导游解说的文采

农业在中国古代具有重要的地位，因此在古代形成了许多以农村为题材的文学作品，同时也形成了许多文学流派，如山水诗、田园诗、悯农诗等。

目前我国最早的诗歌总集《诗经》中便收藏了许多关于农村劳作的诗歌。其中有国风《魏风·十亩之间》、小雅《甫田》《大田》等等。《诗经》中的《豳风·七月》更是详细的描述了农民全年的劳作场景。此外汉代乐府诗中也有许多关于农村题材的诗歌，随后不同时期的文人都会将其作为文学作品创作题材。导游可以从这些文学作品中汲取知识，拓宽自身知识面，为其导游解说增加风采。

4.尊重游客的审美习惯，准确传递审美信息

生活中处处都是美，只要我们仔细的寻找，总会找到。引领游客发现美是导游的重要职责之一，导游在发现美之后，就可以结合游客的喜好拍下静态或动态的景物，为其留下美好的回忆。导游只有领悟了美，才能准确传递审美信息。

三、乡村旅游中导游培养路径

（一）重视"乡村导游库"建设

在乡村振兴背景下，地方政府应带头组建乡村旅游导游队伍，并在经费上给予一定的支持，抑或是由当地的旅游组织负责导游队伍的建设。上级旅游管理部门应设置旅游导游队伍建设专项经费，并在此基础上开展寻找乡村旅游导游的活动，同时建立"乡村导游库"。这些人在经过专业训练，并通过考核之后方可成为乡村旅游导游，旅游管理部门给他们发放乡村导游执业证书，同时须告知他们乡村导游执业证书仅限于本地区使用。此外，也可以对参加乡村旅游导游执业证书考试的人员放宽限制，即可以在不参加国家旅游行政部门举办的考试情况下参加本地区乡村旅游导游执业证书考试，当然如果他们想要提升自我，也应鼓励他们参加国家级别的乡村旅游导游执业证书考试。至于乡村旅游导游薪资待遇方面，政府可以考虑从村镇一级或乡村景区旅游公司等提供乡村导游资金，从而解决他们的工作待遇问题。当然，上级旅游行政管理部门也要设置乡村旅游导游扶持基金，用于奖励那些优秀的乡村旅游导游。旅游管理部门通过以上种种方式构建有别于专业导游队伍的乡村导游能人，为地区乡村旅游的发展提供人才保障。

（二）加强导游的培训与管理

展开导游培训与管理工作至关重要，这是目前我国旅游发展的重点问题。导游培训工作需要围绕以下几个方面开展：（1）导游基础知识；（2）基本服务技能；（3）语言表达能力；（4）自然、地理知识。当然导游培训并不仅仅局限于这些内容，它还涉及很多方面的知识内容。如果游客提出问题之后，导游无法做出正确的解答，那么导游在游客心中的形象将会大打折扣，同时也会使游客对导游产生一种

不信任感，这在一定程度上降低了导游服务质量。另外，上级部门对乡村旅游导游的培训中也要十分注重生态伦理学的培训，让他们掌握自然道德的原则以及可持续发展体系相关的内容。如果条件允许的话，地方政府可以将乡村旅游导游培训内容编辑成教科书，使导游培训充满乡村旅游的特点，同时对乡村导游的培训也能起到规范作用。

（三）创造条件鼓励人才回归

政府通过创造良好的农村环境，让那些长时间在外的乡村能人回归乡村，让他们充当中国传统乡村复兴进程中的先锋领导角色。这部分人不仅具有一定的商业头脑，同时也可以准确把握市场的动态，他们将成为推动乡村发展的新动力。

乡村导游要经过不断的努力，积极提升自身的综合素养，这是乡村导游在未来乡村旅游发展中谋求生存的关键，同时要通过参加各种培训提升自身文化素质水平，进而为构建特色乡村旅游导游模式、推动乡村旅游发展起到推进作用。

第五章　职业导游人才培养模式实践

为了适应社会对导游人才的需求，政府需要对人才培养的模式进行变革和创新。本章主要就新时代职业导游人才培养模式实践进行研究，分别从职业导游人才培养——校企结合模式、职业导游人才培养——志愿服务模式、职业导游人才培养——学徒制模式三个方面进行详细探究。

第一节　职业导游人才培养——校企结合模式

一、影响高校与旅游企业合作的因素

（一）国家政策缺乏具体制度和细则

随着旅游业的发展，我国对旅游业的重视程度日益提升，同时与旅游相关的政策法规也逐渐增多，这对我国旅游业发展起到了一定的促进作用。我国于2009年出台了促进旅游业发展的意见，随后在2015年又出台了促进旅游业投资和消费的意见，这些政策的出台在无形中反映了国家对旅游业的重视程度。然而目前我国缺少校企合作办学方面的法律法规，尤其是缺乏校企合作办学中对企业的约束，而国外旅游业在校企合作班学生有丰富的成功经验，这一点是值得我们学习的。例如美国、瑞士等西方发达国家，它们十分重视教育教学质量，为了职业教育质量的提升，他们不仅在经费上给予学校大力支持，同时也通过法律途径制定完善的教学保障制度，让实训教学有效开展。目前我国校企合作主要停留在顶岗实习阶段，除了实习阶段高校和企业之间并没有太多的交集，我国缺少校企深度合作的机制和制度保障。

（二）企业参与学校培养人才的途径少

发达国家的职业教育水平较高，其培养的人才可以很好适应社会发展需求，这主要是由于企业在校企合作中发挥了自身作用，积极参与学校教学活动，如德国职业学校学生所参加的职业考试由行业协会举办。当代社会的竞争不仅是科技经济的竞争，更是人才的竞争，拥有一个优秀的团队是企业在市场竞争中立于不败之地的法宝。当前企业在校企合作中的积极性不高，虽然企业在顶岗实习阶段也参与学生的培养工作，但是这种培养形式主要是以培养企业员工的形式开展，它将学校教育完全隔离。当前只有在订单班培养模式中企业的参与度较高一些，企业自教学计划的制定开始便参与学生培养。订单班一般采取的是"2+1"的模式，即学生前两年在学校学习，虽然企业有接触学生的机会，但是次数很少，最后一年学生进入企业实习。由此可以看出，虽然订单班模式下的学生与企业的接触机会相对较多，但是仍有一定的不足，而那些不在订单班教学模式下的学生则与企业接触的机会更少，这在无形中也减少了他们了解企业以及实际带团的机会。

（三）学校与旅游企业合作途径不畅

此外，校企合作难以推进也受高校自身体制的影响。目前我国大部分高校都属于国办性质，它们属于国有财产，学校无权对其进行处置，另外高校的办学经费都有严格的监督管理体制，这在一定程度上导致高校可以真正拿出来与企业合作的资源仅剩人力，这限制了校企双方的深度合作。另外，高校教学具有一定的教学规律，而恰恰是这些教学规律在有的时候成为限制校企双方合作的因素，如学生不能按期参加实训。众所周知旅游业是一个淡旺季分明的行业，所以市场对导游人才的需求也就产生了淡旺季，高校在安排学生参加实训时未能考虑旅游淡旺季，当旅游旺季来临时，学校不能做出相应的调整，导致学生丧失参加实训的机会。

二、校企合作中存在的问题

（一）校企合作处于浅层次合作

虽然我国高校旅游专业与企业之间的合作已经开展了很长时间，但是目前双方的合作依然停留在浅层次阶段，缺乏深度合作。在校企合作背景下大部分高校在旅游企业成立了实习基地，从而为旅游专业学生提供了实训的场所与机会，对解决学生就业、提升学校知名度有一定的帮助。而旅游企业则关注实习学生是否能快速适应岗位工作环境，为公司创造利润。由于大学生在、社会阅历上的不足，加之缺乏系统的培训，仓促上岗往往会出现服务质量较低、坐冷板凳的现象，从而造成了教育资源的浪费。

（二）专业教师行业经验不足

教师素质水平的高低直接影响了教学质量水平，如果学校想要提升学生的综合素质水平，就需要提升教师的综合素质水平，打造"双师型"教师队伍。目前高校旅游专业教师多为旅游专业毕业人才，并持有导游证，所以他们在旅游知识理论方面拥有丰富的知识储备，同时也积累了丰富的教学经验。虽然这部分教师也有一定的带团实践经验，但是经验主要来源于学生时期或者刚刚参加工作初期，而近年来旅游业发展迅速，以往的带团实践经验难以符合当下的市场发展需求。此外，还有部分旅游专业教师属于半路出家型，他们并没有经过系统的旅游专业教育，所以在理论和实践经验方面都存在明显不足，在教学时也往往照本宣科，很难提升学生的综合素质水平。

（三）导游专业建设委员会的职能尚未真正发挥

目前部分企业在高校成立了导游专业建设委员会，该委员会成立的目的是获得旅游行业的前沿信息，并用其指导教学，结合旅游市场需求适时调整课程设置和教学内容，提升教学质量。但是目前导游专业建设委员会基本上处于沉默状态，未能结合旅游市场发展需求适时调整旅游导游专业教学计划。此外，还有部分高校对导游专业建设委员会提出的意见置之不理，从而使其流于形式，功效无法落到实处。

（四）对学生实习工作缺乏科学的考核制度

毕业实习对于旅游专业而言十分重要，但是目前高校对学生毕业实习环节的考核并不是十分理想，不够科学合理。一般情况下，旅游专业学生实习前学校会发一本实习手册，然后让学生在后期实习过程中自行填写，并将实习手册交由企业带队老师进行评价，最后交给学校，学校教师结合企业带队教师对学生的评价做一个总结性评价。在实习过程中，企业对学生的评价往往是按照企业员工的标准，由人力资源部或实习部门进行考核，其考核重点为绩效考核，所以在考核上并没有关注学生综合能力的考核，同时这种过度关注绩效考核的标准与高校人才培养标准也存在差异。

通常情况下学校是通过检查学生实习手册的方式对实习学生进行管理，学校指导教师基本上不会去实习企业了解学生的实习情况，导致实习考核方法不够合理。

三、校企深度融合培养导游人才措施

（一）政府层面

1. 国家出台校企融合制度和实施细则

当前校企合作中存在企业参与积极性不高的问题，这与国家在校企合作方面的激励政策有密切关系，所以国家要高度重视企业在校企合作中的作用，并制定完善的激励政策，积极鼓励企业参与办学，为培养优秀旅游导游人才发光发热。此外，政府应给予高校一定的办学自主权，为调动企业在校企合作中的积极性创造良好的条件。

2. 发挥专业建设委员会的职能

切实发挥专业建设委员会的作用，同时明确委员会成员的职责与权益。其中职责包括如下内容：第一，站在本地区旅游业发展的角度，深入分析本地旅游市场人才需求情况，并以此对高校导游专业课程设置、教学内容、教学目标以及教材开发等工作提出科学的建议；第二，做好导游专业学生的后勤保障工作，为他们提供实习机会，同时提供一定的就业指导。另外，在专业建设委员会履行职责的同时政府也应赋予其一定的权益，如优先选择优秀毕业生的权利；又如给予名义上的奖励，使其享有"××学校导游专业实训基地"冠名权等。除此之外，想要确保专业建设委员会的职责，还要加强高校与委员会之间的联系，同时双方定

期召开商讨会，双方设立联络人负责信息的传递，此外利用网络信息技术构建微信互动平台，提升双方沟通的即时性。

（二）企业层面

1. 企业加深校企合作深度

人才是企业发展的根本，旅游企业同样如此。随着互联网的迅速发展，市场对人才的需求也发生了一定的变化，为此人才培养也需要紧跟时代的脚步。企业在人才培养中有独特的优势，应当发挥自身在人才培养方面的作用，与学校一起承担起人才培养的责任，让学生在校期间与企业有深入的接触，如旅游企业领导、企业业务骨干走进学校，为学生传授实践经验，让学生更深入地了解导游职业，掌握必要的导游职业技能。

部分企业在校企合作中不能获得足够的好处，所以他们在合作中的积极性并不是很高。为此学校可以强化对企业工作的支持力度来实现双赢。如在旅游淡季，学校教师深入企业进行培训，同时对那些准备考取导游证的员工进行导游理论知识的培训。此外，在旅游旺季时学校安排学生到旅游企业顶岗实习，缓解旅游企业导游短缺的压力，这也为学生提供了较好的实习机会。

2. 建立校企深度融合沟通机制

虽然实训基地的建设对于校企合作有一定的推动作用，但是校企合作不应只停留在这一层面。为了加深双方的合作，企业与学校应积极构建合作的渠道与机制，充分发挥旅游行业协会的作用，并在旅游行业协会的组织下搭建校企合作平台，加强企业和学校二者之间的沟通联系，为校企深度合作创造良好的环境。

（三）学校层面

1. 学校创新思维办教育

在现有校企合作的基础上，学校需加强导游专业建设的创新力度，结合新时期旅游业发展特点，认真分析导游专业学生的学习模块，并制定出确切的学习模块课程方案。同时学校也要对导游专业学生在校期间所有的课程进行合理的安排，并对每一门课程进行深入讨论，随后制定出与企业合作课程的具体方法。另外，学校要让企业资深人士参与学校课程教学设计，从而提升校企合作的教学效果。

2. 打造专、兼职教学团队建设

导游专业教师的专业水平和实践能力直接影响了导游课程教学质量。众所周知，导游专业是一门实践性很强的课程，所以导游专业教师不仅要有丰富的理论知识，同时还要有一定的实践经验，这样在课堂上才能传授给学生最前沿的导游专业知识和技巧，所以学校应加强对导游教师的培养力度，打造一支优秀的导游教师团队，如有计划、有目的地安排导游教师深入企业学习，提升自身实践能力。

为了规范导游教师在企业的学习行为，使教师在企业真正学到东西，学校应对教师在企业的学习进行一定的规范，具体如下：（1）规定教师在企业的学习实践的时间；（2）规定教师在企业所需要学习掌握的实践技能；（3）定期向院系领导汇报在企业实践学习的情况。当然，学校可以结合自身实际情况，对教师在企业的实践学习进行其他方面的规范。另外，学校应给予导游教师足够的时间去企业实践学习，如脱产学习。这样教师就可以全身心投入企业实践学习之中，提升自身实践能力。除此之外，学校也可以邀请企业业务骨干来学校进行交流学习，向教师传授导游实践经验。与此同时，学校也可以聘请旅游企业骨干做导游专业兼职教师，从而使学生掌握更多实用的导游专业技能。

3. 设立校园旅行社

随着校企合作的开展，校企合作模式也有所改变，出现了将企业或工厂开设在校园，以企业或工厂的产品、设备、经营模式为依托，建设校园实训基地成为校企合作的新模式。例如，《广东省教育发展"十三五"规划（2016—2020）》推动现代学徒制试点工作的开展，并鼓励企业或工厂进校，开展新型的校企合作教学模式。学校应抓住机遇，争取地方政府、教育局、旅游主管部门的支持，选择优质旅行社合作，组建旅行社分社或设立旅行社下属营业部，旅行社总社委派员工主持校园旅行社日常运作，经营各类旅游线路产品及交通票据、景区门票等代购业务，学校师生即为庞大的潜在消费群体，旅行社发展前景广阔。专业教师参与校园旅行社日常管理，从而掌握行业最新资讯，积累经验，提升专业实践能力。学生进入旅行社内部各岗位实习，实现"理论知识课堂学习，实践知识进入旅行社操作"。设立校园旅行社，办"校中厂"能提升专业教师的实操技能，给学生更多的实践机会。

第二节　职业导游人才培养——志愿服务模式

一、我国旅游志愿服务现存问题

第一，缺乏政策法规的约束。我国旅游志愿服务发展起步较晚，所以目前还未针对这一方面形成完善的法律规定，这在一定程度上导致我国旅游志愿服务队伍发展不够成熟。另外，在缺少政策法规约束的环境下，我国旅游志愿服务队伍的发展走了不少弯路、吃了不少亏，这在无形中打击了旅游志愿服务队伍的信心，所以其发展规模始终无法扩大。

第二，宣传力度不足，宣传形式单一。我国旅游志愿服务队伍在宣传方面的问题使其很难满足当前旅游市场的多层次需求。一般情况下，旅游志愿服务只出现在专业领域，这使其宣传受到空间的限制。另外，受经济方面的限制，目前我国旅游志愿服务项目以及销售经营主要是以志愿者充当导游或助手的形式出现，形式较为单一。除此之外，部分旅游志愿服务者并不是旅游管理专业出身，他们不具备导游专业知识，从而导致旅游志愿服务无法满足市场对旅游专业人才的需求。

第三，旅游志愿服务协会起步较晚，作用功效不理想。由于我国旅游志愿服务协会起步时间较晚，至今还未形成专门的组织管理，一般情况下是由其他志愿者协会调配，这在无形中降低了旅游人才在旅游志愿服务中的受关注程度，同时旅游志愿服务协会在企业、旅行社以及游客之间的沟通交流也比较少，无法起到沟通桥梁的作用。

第四，旅游志愿服务核心价值观文化的普及程度不够，大众参与的热情并不是很高。目前大部分人仅仅听说过旅游志愿服务，但是并不知道它具体是做什么的，更别提对其文化内涵的理解了。此外，许多志愿者也没能全面了解旅游志愿服务核心价值观，所以他们也无法在宣传中将其文化内涵传递至游客。

第五，旅游志愿者人才匮乏。随着人们生活水平的提升，人们对旅游质量的要求也有了较大的提升。然而目前我国旅游专业学生毕业之后从事旅游行业的人数比例较少，这使得旅游市场人才匮乏，最终导致旅游志愿服务队伍的服务质量难以提升。

二、旅游志愿服务的可行性

对于大学生而言，他们有较多的自由时间供自己支配，导游专业学生参加旅游志愿服务不仅可以检验其理论知识水平，也可以提升他们的自身导游实践水平。

（一）主观可行性的研究

1. 追求自我价值的认可

追求自我价值的认可在大学生成长过程中十分重要。自改革开放之后，我国对外开放程度逐渐提升，西方拜金主义、唯我主义以及实用主义等思想对大学生的思想产生了巨大的冲击。大学生为了在这样的社会思想环境下找到自身的社会存在价值，需要参加这种利他性质的志愿服务活动，并在志愿服务活动中找到自我价值和社会服务的支撑点，同时得到社会的认可。导游专业学生通过参加旅游志愿服务活动来获得他人和社会的认可，这是大学生实现自我价值认可的有效途径。

2. 社会价值需要得到肯定

我们常说的社会价值是人对他人、集体以及社会做出各种贡献的总和。一个人对社会做出的贡献越多，他的社会价值就越大，反之其社会价值越小。从某种意义上来讲，社会价值主要体现在人对社会的责任和贡献上。目前，我国的教育学制为六年基础教育和六年中等教育，学生在经历十二年的教育之后才有机会进入高等教育阶段。虽然我国支持并鼓励大学生在校期间创业，然而现实中大部分高校都处于封闭式状态，大学生与社会的接触程度较低，为此大学生非常需要得到社会价值的肯定。通过参加旅游志愿服务活动，导游专业学生可以将其所学的知识运用到实践之中，通过服务他人、服务社会来得到他人和社会的认可。

3. 学习的需要

实践在学习中具有重要的作用，大学生的学习更是如此，闭门造车培养出来的人才很难适应社会发展的需求，学校需要加强大学生理论与实践的结合。导游专业学生通过参加旅游志愿服务活动，可以将课堂中的理论知识运用到现实当中，通过实践来检验课堂学习成果，做到理论与实践的结合。同时，在参加旅游志愿服务活动之后，大学生的实践能力，如语言表达能力、人际沟通能力等会有所提升。

(二)客观可行性研究

1. 社会环境好

虽然我国旅游事业发展起步较晚,但是发展速度却让人叹为观止。改革开放之后,人们的生活水平逐渐提升,人们手头有了更多可供支配的闲置资金,这为我国旅游业的快速发展创造了良好的条件。除此之外,随着社会经济的快速发展,我国产业结构得到一定的优化调整,国家加大了对第三产业发展的扶持力度,并将其作为国民经济新的增长点。在这样的政策环境下,我国各级政府部门调整发展战略,拟定并出台推动区域旅游发展的政策,这为我国旅游业的快速发展创造了良好的政策环境。另外,西部大开发也为西部地区旅游业的发展创造了良好的环境。此外,自我国加入WTO之后,我国对外开放程度加大,旅游业国际化发展水平也日益提升。总而言之,当前我国旅游业发展的社会环境已基本趋于成熟。

2. 政府大力支持

旅游业作为第三产业中的支柱产业,受到国家较高的关注,国家给予其大力支持。2015年7月《关于进一步促进旅游投资和消费的若干意见》(国办发〔2015〕62号)对研学旅行进行了讨论,并将其纳入学生综合素质教育的范畴。在这一政策文件的引导下,各个地区学校依托周边旅游资源展开教学。2016年3月《中华人民共和国国民经济和社会发展第十三个五年规划纲要》(2016—2020年)出台,推进文化业态创新,大力发展创意文化产业,促进文化与科技、信息、旅游、体育、金融等产业融合发展。近年来,我国政府针对旅游业发展情况又陆陆续续出台了多个指导性文件,为我国旅游企业发展营造了一个良好的政策环境。2016年两会又提出了"全域旅游"的概念,引起了广泛的社会反响。2017年国家旅游局、交通运输部牵头,联合中国民航局、中国铁路总公司、国家开发银行、国家铁路局共同发布了《关于促进交通运输与旅游融合发展的若干意见》,此文件主要是针对交通与旅游的深入融合进行全面部署,这为我国旅游业发展创造了良好的环境。

3. 学校支持

学生志愿活动一直是学校校园文化建设的重要组成部分,学校对其给予了足够的重视。另外,学校作为教书育人的胜地,除了教授学生掌握专业基础知识外,帮助学生形成良好的精神面貌是其主要的教学工作之一。我国高校每年都会组织学生参加"三下乡"等社会实践活动，学生也会不定期参加志愿服务活动。为此旅游志愿服务活动具有良好的校园环境，其可行性较高。

三、志愿服务培育导游人才路径

（一）健全旅游志愿服务政策法规

1. 抓好顶层设计

从国家政策方针的角度来看，大学生核心价值观的培养需要结合社会实践活动，这在一定程度上推动了大学生志愿服务核心价值观的培养，为此我们要抓好顶层设计。例如，在制度层面上制定有关价值观培育的准则，以此来指导大学生的思想道德建设；完善有关文件的精神指导，完善大学生思想政治教育工作，提升导游专业学生的思想政治水平。

2. 提供制度支持

高校作为开展大学生教育的重要平台和载体，在大学生教化方面有不可替代的作用。第一，创建特色课堂。高校在教学中打造特色思想政治教育课程，将志愿精神融入思政教学之中，提升大学生对志愿服务活动的认识。此外，高校也可以加强与志愿者协会以及行业协会合作的方式，开展多师同堂的教学形式，并结合大学生的学习特点开展志愿服务专题讲座，让大学生深入了解志愿精神和核心价值；第二，在开展思想政治教育课程时，高校应鼓励学生参与课堂讨论，从而在讨论中不断影响、改变学生的思想意识；第三，高校还应结合学校实际情况，完善大学生行为准则，将志愿服务活动转变为切实可行的规章制度，并将其纳入《学生手册》，从而提升志愿服务活动的地位。对于导游专业学生而言，加强旅游服务精神教育具有十分重要的意义，可以有效提升导游专业学生的核心价值观意识。

3. 成立旅游志愿服务协会

第一，高校应加强对旅游志愿服务全方位的调研工作，如旅游市场动态、旅游志愿服务工作开展情况以及旅游志愿服务队伍建设项目等，并在此基础上推出旅游志愿服务项目的相关产品；第二，高校应完善投融资环境，拓宽旅游志愿服务融资渠道，加快旅游志愿服务队伍和旅游志愿服务协会的建设进度；第三，高校应借鉴国外先进的管理经验，结合我国实际情况加快旅游志愿服务队伍的建设，促进旅游志愿服务协会的纽带作用。

（二）增强大学生的核心价值观

1. 大力宣传旅游志愿服务文化

第一，高校应利用多种教学方法提升大学生对核心价值观的感悟，如交流互动、情景教学、沉浸式教学、观察分析以及阅读文献等；第二，高校应时时关注学生对社会核心价值观的认知水平和实践情况。教师在向学生传递核心价值观思想时，需要结合学生的情况，如学生对价值观的关注点等，使学生对核心价值观形成理性认识。

另外，高校应转变传统思想教学内容，结合时代发展特点，开展"互联网＋思想教育"活动，大力宣传旅游志愿服务，提升课堂教学效果。除此之外，高校在教学过程中也可以通过改变教学理念、完善教学方法、创新教学模式等方式加大旅游志愿服务文化的宣传。

2. 结合导游专业特色对核心价值观进行阐释

高校应创新各种各样的导游专业核心价值观的培育途径，开展"旅游＋"教育的创新教育模式。高校应将教与学充分结合，利用导游专业学生善于表达与沟通的外向型特点，结合新媒体技术开拓教育的方式、方法，提升导游专业大学生的参与度和责任感。学校要根据导游专业学生的变化特点，创新核心价值观的宣传方式，推动传统教育模式与新媒体教育模式大力融合，用学生易于接受和吸收的模式，指导导游专业学生在课程中发挥专业优势，将核心价值观的培育融入导游专业学生学习与社会生活各个环节中。结合"三有三实"的要求，导游专业的各项教学任务肩负着引导学生形成正确的价值观、实践观和使命观的重要使命，应充分引导学生产生正确的核心价值观，形成对旅游志愿服务的责任态度。

（三）推动价值观外化于行

核心价值观是一种意识，我们只有将它运用到实践之中才能使其保持持久的活力，这要求我们对核心价值观做到知行合一。就导游专业来讲，做到核心价值观的知行合一，不仅可以提升导游专业教学效果，推动教学的创新发展，同时也可以促进导游专业实践教学工作的开展。

1. 打造实地教学授课模式，落实核心价值观培育

目前我国高校旅游专业中并未将旅游志愿服务实践理论课程纳入旅游课程教学，一方面旅游志愿服务课程的实操性比较强，理论知识无法阐释其课程精髓；另一方面大部分高校旅游志愿服务模拟设施不健全，进而无法满足理论教学的需求。学校如果想要打造一支专业的旅游志愿服务队伍，需要从多方面开展工作，如在学校开展"模拟设施＋理论"的教学模式，传授学生旅游志愿服务理论基础知识，并让学生可以参加现场模式学习，真正地感受旅游志愿服务活动的内涵。经过这种理论联系实践的教学，导游专业学生可以准确把握核心价值观，并做到知行合一。

2. 通过与组织机构的合作，提供旅游志愿服务机会

学校还应加强与旅游行业协会、志愿者组织的合作，为导游专业学生创造更多的实践学习机会。从性质上来讲，高校主要是为我们提供理论知识学习的地方，它更加侧重于理论，而旅游行业协会则是要向旅游行业提供合格的旅游服务人才，因此它更加侧重实践操作。学校推进和旅游行业间的合作，可以与旅游行业实现优势互补，共同促进旅游志愿服务活动的开展。通常情况下，学生参与志愿活动之前需要经过专业的培训，高校通过与志愿者协会的合作，可以提升学生旅游志愿服务水平。另外，高校加强与其他协会组织的合作，可增加学生参加旅游志愿服务的机会。

（四）完善考核评价机制

1. 完善志愿服务记录，打造动态信息系统

在旅游志愿服务人员招聘时，我们需要完善信息登记服务，这不仅可以防止人员信息丢失，为后期回访提供便利，同时也可以避免志愿者因错过信息而错失实践机会，也为后期旅游志愿活动绩效的评估提供了对象名单。与此同时，我们也要加强对旅游志愿者服务活动的记录，对于那些长期服务较差的人员做劝退处理。

我们应巧妙使用平台优势，实行旅游志愿者信息电子化、动态化的管理，及时更新旅游志愿者在平台上的数据，使旅游志愿服务活动的流程和绩效透明化、公开化。实施旅游志愿者信息动态化管理，可以让人们了解旅游志愿服务的全过程，让更多的人来监督旅游志愿服务活动，进而提升旅游志愿服务活动的质量。

2. 健全奖惩评价机制，外部激发参与意识

导游人才的培养不应以纯粹的利他观念为原则，而应提倡利己利他的方式，实现双赢。在纯粹的利他观念下，人们参与志愿活动的积极性很难持续高涨。根据赫茨伯格的双因素理论可知，保健因素对工作绩效有重要作用，这是因为它与员工满意度相关。企业或组织应通过健全奖惩评价机制，进一步规范奖惩评价方式方法，以此做到奖惩分明，推动志愿活动的资格认定与志愿活动挂钩，严把资格认定门槛，对与志愿活动相违背的行为进行打击，对活动中表现好的行为进行鼓励，积极引导正确服务，激发学生的参与主动性和能动性，让外力推动志愿服务活动的开展，提升志愿者的参与能力，促使志愿服务活动价值观的内化。

第三节 职业导游人才培养——学徒制模式

现代学徒制是应用型教育的新型人才培养模式，它主要是指在校企合作背景下，学生进入企业见习或顶岗实习。教育部与 2014 年 8 月颁布《关于开展现代学徒制试点工作的意见》，自此现代学徒制人才培养模式在各个职业院校有序开展。然而现代学徒制人才培养模式主要应用于技术型人才培养，而很少用于服务型人才培养。"工作室制"教学模式主要培养的是学生的职业能力，对学生实践能力的培养十分重视，并在此基础上提升学生的综合能力，从而使其符合市场行业的人才需求标准。目前，"工作室制"教学模式主要应用在会计、服装设计以及平面设计等专业，在旅游服务与管理专业方面的应用较少，因此现代导游学徒培养的"工作室制"模式研究延伸了"现代学徒制"和"工作室制"在旅游服务与管理专业中应用的广度。

一、现代导游学徒"工作室制"

（一）现代导游学徒培养模式的背景

"工作室制"教学模式是由德国"包豪斯"设计学院于 20 世纪初提出的，其最初是以艺术创作"作坊"的形式被提出，随后经过不断的发展，在艺术创作"作坊"的基础上逐渐形成了"工作室制"教学模式，这种教学模式倡导理论教学与实践教学相结合。"工作室制"教学模式建立的最终目的是强化学生的实践能力，提升学生的综合能力，使他们所掌握的知识技能可以与企业人才需求目标完美契合，实现教学与岗位需求的零接轨。现代学徒制同样起源于德国，并于第二次世界大战之后成为德国职业教育的主导教学模式，这对德国经济的快速发展起到了积极作用，值得我们借鉴学习。国务院于2014年下发《关于加快发展现代职业教育决定》，在决定中明确提出要在我国职业教育中大力发展现代学徒制试点，并强调了现代学徒制对我国职业教育发展的重要性，与此同时也确立了校企合作的现代学徒制人才培养模式。

（二）现代导游学徒"工作室制"概况

"工作室制"现代导游学徒培养模式建立在现代学徒制的基础上，一方面承接政府的指导和紧密联系"合作伙伴"——导游实训基地，即用人单位及高校；另一方面结合旅游市场的人才需求，并以此为目标建立导游人才培养模式。一般情况下，工作室学徒的选聘对象主要有三类：（1）高职院校旅游专业毕业班学生；（2）高等院校本科旅游专业毕业班学生；（3）转岗就业人员。

学生正式成为学徒之前，有三个月的考核期，也可以称之为准学徒考核期，学生只有通过考核后才可以成为正式的学徒，并与工作室签订学徒协议。学徒协议中对学徒的培训时间、带团数量达标天数、带团返佣标准进行了明确的规定，同时也对工作室的培训义务做了详细规定，此外也规定了双方违反协议的处理方式。在"工作室制"现代导游学徒培养模式环境下，学徒一般需要经过三年的培训。第一年，学徒主要学习带团的流程，并在此基础上学会独立带团，同时还要争取一定的佣金维持自己的生活；第二年，继续接受工作室的培训，并学会总结带团经验，逐渐提升自身实践能力，增加收入；第三年，积累丰富的带团实践经验，全面提升自身综合能力，达到专业技术娴熟的水平。

通常情况下，工作室采用星级评价的方式对学徒的学习情况进行管理与评价，其具体实施标准如下：星级评价共分为五星，一星为初级学徒的标准，工作室每隔半年或一年结合学徒的学习情况和带团表现决定学徒等级的上升与下降，如果学徒的星级评定升高，那么他的带团返佣率也会下降，同时工作室也不再收取学徒额外的培训费用。

二、导游学徒培养的现状和问题

（一）实施现状

我们以南宁（黄志康）导游大师工作室为例，深入分析我国导游学徒培养现状。该工作室成立于2015年，并于次年正式招收学徒，第一批共招收7名导游学徒，2017年招收14人，2018年招收4人，2019年招收23人。其中第一批学徒于2018年完成学业，他们均获得了五星级导游学徒的荣誉称号，并在后来得到了旅游行业的一致认可，同时也为后期学徒的培养积攒了一定的人脉资源。另外，第一批导游学徒毕业之后也得到了很好的发展，他们都有稳定的带团量，并成为大型旅行社的职业导游。

与此同时，工作室第二批导游学徒也已经形成稳定的带团量，工作室在行业中也有了不错的口碑。大部分旅行社组织的团和研学团都十分青睐工作室的导游学徒。此外，工作室也与高校建立了良好的合作关系，并形成了以老带新的人才培养模式，如完成学业的学徒总结带团经验并传授给学生，同时也会定期召开各种带团讲座。对于学徒个人的职业发展而言，根据马斯洛需要层次理论分析，如表5-3-1所示是基于马斯洛需要层次理论下的学徒职业发展。

表5-3-1 基于马斯洛需要层次理论下的学徒职业发展

生理需要	足以保证学徒满足其基本需要的收入，拥有合理正常的带团量
安全需要	自由多变的工作环境，通过购买保险的形式让人身安全多一份保障，相应的福利保障仍需通过自己的工作努力程度来实现
社交需要	工作室导师给予学徒关怀，导师与学徒、学徒之间相互联系，定期交流分享带团中遇到的事，定期把不良情绪化解
尊重需要	外部通过周到优质的服务，获得游客的尊重，内部通过工作得到来自旅游企业的良好反馈，工作室授予"导游之星""年度优秀导游"等荣誉
自我实现的需要	从事导游这项本身富有挑战性的工作，具有一定的自主权与决策权，在工作中允许学徒进行自我管理与自我控制

（二）存在问题

从宏观角度来看，"工作室制"现代学徒培养模式在导游人才培养方面取得了可观的成绩，为我国旅游行业培养出了一大批优秀的导游人才，不仅为其他导游培训机构提供了经验，同时也为推动我国旅游行业的发展起到了积极作用。但是"工作室制"现代学徒培养模式同样存在一些问题，具体主要表现在以下几个方面。

1. 外部大环境考验"工作室制"培养模式

（1）导游带团工作量易受旅游淡旺季的影响

由于旅游行业有明显的淡旺季之分，经常出现旺季导游人员短缺、淡季导游人员闲置的问题，这在一定程度上也影响了工作室学徒招收，尤其是招收人数的数量难以确定。如果招收的学徒过多，会造成旅游淡季资源的浪费；如果招收的学徒数量较少，旅游旺季来临时，工作室势必无法满足旅游市场的需求，不利于与旅行社建立长久的合作关系。

（2）导游负面新闻冲击培养优秀导游的理念

随着我国旅游业的快速发展，旅游负面新闻也是层出不穷，如"零负团费"问题。近年来，我国旅游市场竞争日益激烈，旅行社为了吸引游客，采用零利润甚至是负利润的方式销售旅游线路，将旅游创收、盈利的任务交由导游，因此出现了许多导游谩骂游客、强制性要求游客消费的现象。此外，旅行社对导游的考核重点并不是他们对景点的讲解水平，而是他们的出货量，即推销产品的能力。这种现象严重影响了我国旅游业的健康稳定发展，同时这也与"工作室制"现代学徒培养模式的人才培养理念相左。这样的市场环境是当前工作室发展的巨大障碍。

（3）旅游形式多样化发展

随着旅游业的快速发展，我国迎来了大众旅游时代。旅游产品呈多元化、个性化，散客化出行成为一种趋势，未来我国旅游形式也会呈多元化发展，如会议旅游、科研旅游、自驾游等。目前工作室所培养的导游学徒还无法完全应付这种旅游多元化的发展趋势。

（4）处理同类型工作室的竞争与合作关系

自南宁（黄志康）导游大师工作室取得成绩之后，我国又出现了许多导游工作室，同行业之间难免会形成竞争关系，而如何处理同行业之间的竞争与合作关系也是导游工作室以后需要面临的主要问题之一。

2. 内部管理制度的完善度有待提高

（1）内部管理过于"人情化"

所谓的"人情化"管理主要是指管理模式是以个人情感为基础，因此工作室缺乏一定的管理程序和规范。在上文的分析中，我们不难发现工作室成立之初由一名导师和七名学徒组成，工作室的规模较小。初始阶段，人情化的管理完全可以适应工作室学徒培养需求，但是随着工作室规模的不断扩大，导师一个人无法完成所有的工作，如学徒的培训、与学校合作的联系、用人单位的回访等，久而久之这会使工作室的管理陷入混乱。

（2）人才培养成本大和人才流失

工作室在导游人才培养方面付出了巨大的努力，他们将一批批零经验导游专业的学生培养成技术娴熟的行业能手，期间工作室需要对学徒进行一次次的培训，提升他们的综合能力。然而学徒三年期满后，工作室将面临学徒离开的尴尬处境，辛苦培养的优秀学徒无法继续为工作室创造利润，所以寻找一种学徒期满后仍可以为工作室创收的途径十分有必要。

（3）无盈利模式难以确保工作室稳定运行

目前导游工作室虽然取得了一定的社会效益，但是"工作室制"现代学徒教学模式并未形成稳定的盈利模式，如果单纯依靠学徒返佣金的方式获利，那么工作室的经营时间不会太长久。工作室需要增加营收渠道，并形成稳定的盈利模式，这样才可以应对形式多变的市场风险。

三、现代导游学徒培养策略

（一）多管齐下勇于面对挑战

1. "校室"共建整合优化资源

工作室需要加强与旅游专业院校的合作力度，为大学生创造更多的导游实践机会，并鼓励学生尽早考取导游资格证。通常情况下，旅游的旺季在一些大型节假日，工作室可以利用自身的培训优势，对那些持有导游资格证的学生进行培训，并教会他们一些简单的带团操作。这样不仅可以让大学生在学校期间体验导游工作，又可以让大学生对自我有一个清楚的认识，让他们形成自己的职业取向。此外，大学生在校期间的实践积累可以为后期实习培训节约时间，从而降低工作室的培训成本。

2. 加强带团技能培训，塑造职业精神

一个合格的导游需要做到出淤泥而不染，不受旅游负面新闻的影响，所以工作室要牢牢记住培养优秀导游人才的初衷，在培训中采用多样化的方法提升学徒的带团技能，定期组织学徒分享带团中遇到的问题。工作室要针对每个学徒的实际情况加以引导，消除学徒的负面思想，帮助他们树立诚实守信、爱岗敬业的职业精神。

3. 适应市场需求培养多面手型导游

在大众旅游的影响下，我国旅游市场发生了翻天覆地的变化，出现了不同类型的导游，如私人旅游定制师、小语种与地方语导游、政务导游等等，所以工作室在培养学徒时，应结合当下旅游市场发展需求，培养出多样化的导游能手。

4. 构建同类型工作室合作共赢关系

当工作室所承接的业务已经达到饱和时，我们可以通过共享旅游团队资源的方式将带团业务分享给同类型的工作室或团队，这样不仅解决了部分工作室没有业务的问题，也解决了旅行社找不到导游的问题，从而使彼此之间建立起合作共赢的关系。工作室要树立"只有合作关系，没有竞争关系"的理念，并在此理念下与合作密切的工作室建立长期的战略合作关系。

（二）内部管理制度的完善

1. 加强"工作室制"的运行与管理

管理就是一群人为了实现组织目标而进行的活动。"工作室制"模式下的工作人群是以工作室为载体，由导师和学徒构成的组织。通常情况下，任何一个组织都有一个共同的目标，同时为了完成这个目标组织里有一定的分工以及相对稳定的规则。工作室需要制定准学徒考核规则、学徒星级评定规则以及导游服务工作细则等。工作室为了确保其各项分工的顺利进行，需要运用管理中的人本原理、责任原理以及效益原理等，并在此基础上形成长期稳定的管理机制。其中人本原理主要彰显的是学徒在工作室的地位，它不仅是工作室的主体，同时也是工作室发展的核心。学徒既参加工作室的管理又要与工作室共同成长，责任原理主要是以书面形式对学徒的职责进行量化，并合理地运用激励因素提升学徒的综合能力。效益原理即工作室在经营过程中必须要产生效益，这也是维持工作室正常经营的前提与基础。

2．"外联内筛"降低人才培养成本

工作室可以采用签约合作的方式吸引一批优秀的导游，以此来增加工作室的导游人才库，进而缩短学徒导游培养周期，降低培训成本。同时，工作室也要加强对内部学徒导游的考核，注重优质学徒导游的筛选，培养出一批热爱导游行业的导游人才，最大程度避免人才的流失。

3．创造多种盈利模式

工作室要加强与旅游企业、旅游景点的合作关系，共同构建导游实训基地，这不仅可以为学徒提供更多的实训机会，同时也能有效解决旅游企业旅游旺季人员不足的问题。工作室务必提升派遣导游的服务质量，并做到查漏补缺，赢得企业的信任，同时工作室与企业签订利润分成协议时，对于那些大量使用工作室导游的旅游企业可以给予适当的奖励，通过建立合理的利益分配关系来达成稳定的合作关系。当前，工作室可与科技公司进行合作开发导游小程序，同时利用科技手段实时了解导游学徒的带团质量，进而形成合理的评价体系，让优秀的导游获得更多的带团机会，这不仅可以提升导游学徒的培养质量，同时也可以扩大导游派遣的总量，实现工作室创收。

参考文献

[1] 胡艳.关于加强导游档案管理利用和提升人力资源管理水平的思考[J].商业文化，2022（16）：51-53.

[2] 常敬忠.红色旅游中导游能力提升策略研究[J].吕梁学院学报，2021，11（06）：60-63.

[3] 尚明娟，王博，崔丰.《导游业务》课程思政建设与实践探析[J].牡丹江教育学院学报，2021（11）：106-108.

[4] 陈艳.高校"导游业务"课程思政实施效果评价[J].当代教育理论与实践，2021，13（06）：81-85.

[5] 朱娉娉，叶开艳.互文性视野下的皖西南红色旅游导游词创作研究[J].北京印刷学院学报，2021，29（07）：127-130.

[6] 李佩佳.角色扮演法在中职《导游实务》课程教学中的应用研究[D].南昌：江西科技师范大学，2021.

[7] 王丹.任务驱动教学法在中职旅游专业《模拟导游》课程教学中的应用[D].南昌：江西科技师范大学，2021.

[8] 刘慧蒙.导游在职培训现状及培训需求研究[D].大连：辽宁师范大学，2021.

[9] 周扬，周芷萱，张柯焱.导游讲解服务质量对游客满意度的影响——以槟榔谷景区为例[J].教育教学论坛，2021（20）：33-36.

[10] 袁超，孔翔，陈品宇，吴栋.乡村旅游中非正规导游的呈现：主动选择还是外部促动[J].旅游学刊，2021，36（01）：87-98.

[11] 董雪旺，叶周婧，徐宁宁，王艳玲，管婧婧，陈觉.基于TAM和TRI的游客网约导游使用意向研究[J].旅游学刊，2020，35（07）：24-35.

[12] 戴坤.远途旅行公司共享导游服务质量评价体系构建研究[D].兰州：兰州大学，2019.

[13] 张志祥. 语言结构顺应视域下的涉外导游词翻译 [J]. 语言与翻译, 2018（02）: 51-55.

[14] 钟吉嘉. 自由执业背景下高职导游专业学生职业能力培养的研究 [D]. 桂林: 广西师范大学, 2018.

[15] 谢马水. 导游职业幸福感影响因素调查研究 [D]. 兰州: 兰州大学, 2016.

[16] 刘旭. 导游服务质量对游客满意度、忠诚的影响 [D]. 长沙: 湖南师范大学, 2015.

[17] 李东和, 张鹭旭.《旅游法》对导游人员的影响研究——基于导游人员感知的视角 [J]. 旅游论坛, 2014, 7（04）: 50-56.

[18] 黄艳. 基于服务质量的导游动态激励机制研究 [D]. 株洲: 湖南工业大学, 2014.

[19] 安冬. 生态翻译学视角下的导游口译策略研究 [D]. 呼和浩特: 内蒙古大学, 2014.

[20] 程琳. 基于认知学徒制的导游职业能力培养研究 [D]. 沈阳: 沈阳师范大学, 2014.

[21] 林宁. 我国社会导游的行业治理体系研究 [D]. 上海: 上海师范大学, 2014.

[22] 李宁. 智能手机导游系统关键技术研究 [D]. 开封: 河南大学, 2014.

[23] 李琳. 旅游体验背景下导游人员职业能力培养对策研究 [D]. 大连: 辽宁师范大学, 2014.

[24] 余明朗. 面向景区智能导游的室内外一体化定位及位置服务方法研究 [D]. 南京: 南京师范大学, 2013.

[25] 宋振春, 王运姣. 关于准入制度与导游管理体制的思考 [J]. 旅游学刊, 2013, 28（07）: 57-63.

[26] 文花枝. 中国导游制度变迁研究 [D]. 湘潭: 湘潭大学, 2013.

[27] 武新飞. 基于智能手机的增强现实导游系统 [D]. 广州: 华南理工大学, 2012.

[28] 刘红梅. 红色旅游与红色文化传承研究 [D]. 湘潭: 湘潭大学, 2012.